ALL NEW
브리태니커 지식 백과

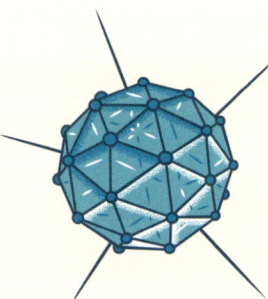

우리가 함께하는
오늘과 내일

머리말

엔사이클로피디어 브리태니커는 아주 오래 전인 1768년부터 흥미로운 지식들을 모아서 독자들이 즐겁고 재미있게 익히는 데 도움이 되도록 노력해 왔어요. <브리태니커 지식 백과>도 여러분을 재미있는 지식의 바다로 안내하는 책이에요. 여러분이 페이지를 넘길 때마다 새로운 탐험거리가 넘쳐날 거예요.

이 책에 나오는 모든 놀랍고 흥미진진한 내용은 언제든지 바뀔 수가 있어요. 아직 답을 알아내지 못한 수수께끼를 풀게 되면 새로운 사실이 또 밝혀질 테니까요. 그러니 '밝혀지지 않은 이야기' 코너를 특히 잘 봐두세요. 이 책을 만드는 데 도움을 준 여러 학자와 전문가들은 지금도 지식의 경계를 허물고 또다시 만들어가면서 열심히 '정확한' 지식을 찾고 있어요. 그분들 덕분에 우리는 세상을 더 잘 이해할 수 있게 되지요. 세상을 더 잘 이해한다는 건, '무엇을 아직 모르고 있는지도 안다'는 뜻이에요.

우리는 '사실'이 중요하다고 믿어요. 그래서 책에 싣는 모든 내용이 사실인지 철저하게 확인하며 정확한 것만을 담기 위해 노력해요. 엔사이클로피디어 브리태니커는 250년 넘게 전문가들과 함께 혁신을 추구하면서 연구와 탐구에 헌신해 왔어요. 그 오랜 역사 끝에 브리태니커와 왓언어스 출판사가 손잡고 크리스토퍼 로이드와 함께 펴낸 이 <브리태니커 지식 백과>를 어린이들에게 소개하게 되어 매우 기뻐요.

제이 루버링
엔사이클로피디어 브리태니커 편집장

차례

오늘과 내일: 크리스토퍼 로이드 5
하나의 세계 6
무엇이든 싣고 어디로든 간다 8
불평등 10
세계를 먹이다 12
지구의 불빛 14
현대의 전투 16
엄청난 부자 18
도시 20
인터넷 22
매체 24
인공 물질 26
의료 기술 28
스마트 기술과 인공 지능 30
환경 문제 32
대량 멸종 34
멸종 위기에 놓인 동물들 36
기후 변화의 결과 38
기후 변화를 멈춰라 40
원자력 42
재생 가능 에너지 44
미래의 도시 46
미래의 인간 48
전문가에게 물어봐! 50
퀴즈 51

낱말 풀이 52
찾아보기 53
참고한 자료 55
사진과 이미지 출처·이 책을 만든 사람들 56

로봇이 산업 현장에서 사람들을 대신해
일하기 시작한 지 50년이 지나면서
로봇의 쓸모와 능력은 폭발적으로 늘어났다.
로봇 진공청소기, 원격 수술, 인공 지능이 탑재된
디지털 기기 등이 우리 생활을 돕고 있다.

오늘과 내일

크리스토퍼 로이드

드디어 여기, 지금 우리를 둘러싸고 있는 낯익은 세계에 도착했어요.
거의 80억 명에 이르는 사람들의 집, 우리의 소중한 지구에는 거대한 도시들이 아주 많아요.
인공위성이 지구 주위를 돌면서 끊임없이 우리를 서로 연결해 줍니다. 매일 40억 명이 넘는
사람들이 인터넷을 통해서 뉴스를 보고, 물건을 사고, 재미있는 것을 찾아봐요.
과학자들은 우리가 좀 더 오래 건강하게 살 수 있는 새로운 방법을 계속 찾아냅니다.

하지만 이런 발전에는 대가가 따랐습니다. 자동차와 비행기에서부터 최신 유행에 이르기까지
모든 것을 갈망하다 보니 세상은 플라스틱 쓰레기로 덮여 버렸고, 물 부족 현상이 일어났으며,
불평등은 더 심해졌어요. 생물 종의 다양성이 파괴되고 있고, 기후는 갈수록 더워지며,
서로 가깝게 연결된 세상은 이제 오래된 인간의 적인 질병이 퍼지기에 딱 좋은 환경이 되고
말았지요.

결국 우리는 아직 답을 모르는 가장 큰 질문과 마주하게 되었어요. 우리의 미래는 어떤 모습
일까요? 정부와 과학자들이 앞으로 닥칠 질병 대유행에서 우리를 보호해 줄 수 있을까요?
공학자들은 기후 변화를 멈출 수 있을까요? 사람과 지구 위의 다른 소중한 생명체들이
앞으로도 오랫동안 번성할 방법은, 어쩌면 여러분 세대에서 찾아야 할지도 모르겠네요.

하나의 세계

세계 인구는 계속 증가하고 있다. 1800년에 10억 명이었던 인구는 오늘날 거의 80억 명이 되었으며, 지구의 자원에 대한 부담도 커지고 있다. 오늘날 우리는 다른 사람들과 아주 가깝게 연결되어 있다. 인터넷 덕분에 어디서나 다른 사람과 곧바로 쉽게 소통할 수 있다. 나라 사이의 무역도 활발하다. 다른 문화와 다른 민족도 쉽게 섞이고, 생각과 자원을 함께 나누는 경우도 적지 않다. 그러나, 이렇게 서로 연결된 세상에서는 질병과 같은 문젯거리도 빠르게 전파될 수 있다.

국제적인 노력

중국의 과학자들은 2020년 1월 코로나19 바이러스 유전자의 배열 순서를 밝히고 유전자 서열을 공유했다. 덕분에 세계의 과학자들이 이 바이러스를 연구할 수 있었다.

세계적 대유행

바이러스와 같은 병원체가 일으키는 전염병은 대단히 빠르게 퍼진다. 2019년에 발생한 코로나19와 같이, 질병이 전 세계 여러 나라에 퍼지는 것을 '세계적 대유행'이라고 한다. 전염병이 퍼지면, 정부는 검사를 하고, 감염 경로를 추적한다. 전염병이 퍼지지 않도록 국경을 막거나 사람들이 모이는 장소를 닫기도 한다. 2020년에 중국 정부는 12일도 안 걸려서 코로나19 환자를 치료할 병원을 두 곳이나 지었다. 훠선산 병원은 코로나19가 처음 발견되었던 후베이성 우한시에 세워졌다.

굴착기 수십 대가 훠선산 병원이 들어설 터를 고르고 있다.

수백만 명이 영상 중계로 병원 건설 장면을 지켜보았다.

도움말 주신 전문가: 샬럿 그린바움 함께 보아요: 생물의 분류, 4권 10~11쪽; 사람의 몸, 5권 8~9쪽; DNA와 유전학, 5권 10~11쪽; 세계의 나라, 7권 48~49쪽; 무엇이든 싣고 어디로든 간다, 8권 8~9쪽; 인터넷, 8권 22~23쪽; 매체, 8권 24~25쪽; 환경 문제, 8권 32~33쪽

다국적 기업

세계가 점점 더 가까이 연결되면서 몇몇 회사들은 다국적 기업으로 성장했다. 맥도날드도 그중 하나이다. 110여 나라에서 찾아볼 수 있는 맥도날드는 세계 사람들 가운데 모르는 사람이 거의 없는 이름이 되었다. 아랍어를 모르는 사람이라도 맥도날드의 독특한 노란색 간판을 금방 알아볼 수 있을 것이다.

세계로 떠나는 여행

사람들은 여러 가지 이유로 여행을 떠난다. 어떤 사람들은 한겨울에 따뜻한 햇볕을 쬐러 떠나고, 어떤 사람들은 외국의 도시를 방문하기 위해서, 또 다른 사람들은 역사 유적을 찾아가기 위해서 떠난다. 저가 항공으로 경비에 대한 부담이 줄어들면서 나라 안팎의 관광 산업은 규모가 점점 커지고 있다.

편리한 의사소통

전 세계 사람들의 반 이상이 인터넷을 이용한다. 스마트폰 하나로 소셜미디어라고도 하는 누리 소통망과 앱으로 다른 나라에 있는 사람들과도 쉽게 접속할 수 있다. 영상 통화 덕분에 집 밖에 나가지 않고도 외국에 있는 사람들과 얼굴을 마주 보며 대화할 수도 있다. 고속 데이터 통신망으로 인터넷 속도가 빨라져서 용량이 큰 파일과 영화, 게임도 금방 내려받을 수 있다. 그러나 이런 인터넷을 누구나 사용할 수 있도록 하려면 아직도 할 일이 많이 남았다.

세상을 바꾼 인물

스티브 잡스
미국의 기업가, 1955~2011년

컴퓨터를 혁신한 스티브 잡스는 애플사를 세워서 개인용 컴퓨터가 널리 쓰이는데 크게 기여했다. 스마트폰은 컴퓨터 기능을 넣어 인터넷에 접속할 수 있도록 한 휴대 전화로, 2007년 애플사는 터치스크린 기술을 적용한 스마트폰인 아이폰을 개발하여 사람들의 의사 소통 방식을 뒤바꿔 놓았다. 애플사는 계속 발전해서 세계에서 가장 성공한 기업으로 꼽히게 되었다.

인구의 증가

지구에 사는 사람은 지난 두 세기 동안 놀랄 만큼 늘어났다. 의학 지식이 발달하고 생활 조건이 좋아지면서 전 세계 사람들이 더 번성하게 된 것이다. 그러나 사람이 지나치게 많아지면 식량, 물, 전기와 같은 한정된 자원 때문에 심각한 문제가 발생하게 된다. 인구학자들은 2100년 무렵 세계의 인구 증가가 110억 명 정도에서 멈추고 안정될 것이라고 예상한다.

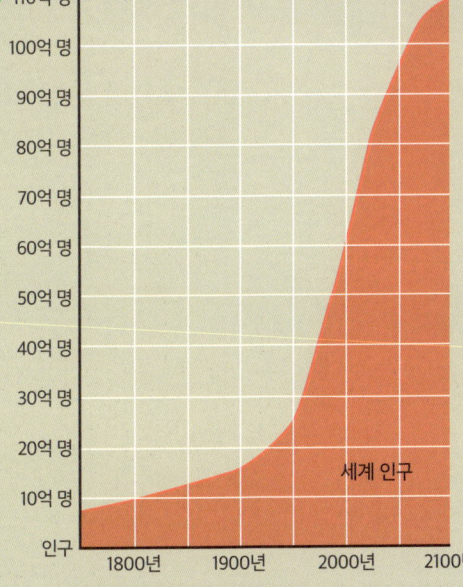

무엇이든 싣고 어디로든 간다

나라와 나라 사이에서 상품이나 원료를 사고파는 일을 '국제 무역'이라고 한다. 매년 수십억 톤에 이르는 상품이 거대한 컨테이너선에 실려 전 세계 곳곳으로 이동한다. 컨테이너는 상품을 담아 운송할 수 있도록 만든, 버스 한 대 크기의 금속 상자를 말한다. 컨테이너가 발명된 덕분에 상품을 운반하는 비용이 줄어들었다. 컨테이너는 배에 싣고 내리거나, 트럭과 기차로 옮기기가 매우 쉽기 때문이다. 컨테이너선들은 많은 컨테이너를 쌓아둘 만한 넓은 부두가 있고 물이 깊은 항구에서 짐을 싣고 내린다. 전 세계의 컨테이너선은 5000척이 넘는다.

거대한 크레인을 이용해 컨테이너를 부두에서 배로 옮긴다. 컨테이너선의 승무원은 20명만 있으면 된다.

배로 운반되는 전 세계 상품의 11퍼센트는 컨테이너를 통해 이동한다.

언제나 2000만 개가 넘는 컨테이너가 항해 중인 배에 실려있다.

컨테이너선 엔진의 높이는 17미터나 되는데, 기린 세 마리의 키와 같다. 엔진의 힘은 자동차 엔진의 1000배에 이른다.

도움말 주신 전문가: 리처드 미드 **함께 보아요**: 금속, 3권 20~21쪽; 플라스틱, 3권 24~25쪽; 단순한 기계, 3권 48~49쪽; 먼바다, 4권 38~39쪽; 하나의 세계, 8권 6~7쪽; 불평등, 8권 10~11쪽

컨테이너에는 식품이나 텔레비전과 같은 다양한 상품을 넣는다. 컨테이너 하나의 무게는 30톤까지도 나가는데, 코끼리 5마리의 무게와 같다. 이런 컨테이너들이 갑판 위에 차곡차곡 쌓인다.

냉장 컨테이너에는 과일이나 채소와 같은 신선 식품을 싣는다.

바다에서 잃어버린 것

1992년, 중국에서 미국으로 가던 컨테이너선이 폭풍우를 만나 심하게 흔들리면서, 장난감을 실은 컨테이너 하나가 태평양에 빠졌다. 노란 오리, 빨간 비버, 푸른 거북이, 초록색 개구리 같은 목욕용 플라스틱 장난감 2만 8000개가 해류를 따라 전 세계로 흘러갔다. 몇 년이 지나자 남쪽으로는 오스트레일리아, 북쪽으로는 북극 바다를 지나 미국 동북부 메인주 앞바다와 영국 북부 스코틀랜드에서도 발견되었다.

컨테이너를 갑판 아래에 싣기도 한다. 항해 중에 움직이지 않도록 배 안쪽 구조물 사이에 고정시킨다.

컨테이너 하나에 신발 상자를 8000개까지 넣을 수 있다. 가장 큰 컨테이너선에는 독일 사람들 모두에게 줄 만큼의 새 신발을 실을 수 있다.

불평등

세계의 자원을 세상 사람들 모두가 공평하게 이용할 수 있는 것은 아니다. 가난한 나라에서는 많은 어린이가 학교에 제대로 다니지 못하며, 좋은 교육을 받을 수도 없다. 마실 수 있는 깨끗한 물도 없이 혼잡한 환경에서 살기도 한다. 대부분 생활에 충분할 만큼 수입이 있는 부유한 나라에서도 어떤 사람들은 수입이 매우 적다. 수입이 평등하게 배분되지도 않아서, 세계 재산의 40퍼센트를 세계 인구의 1퍼센트가 갖고 있다.

부유한 사람과 가난한 사람

부유한 나라에 가난한 사람들이 살기도 하고, 가난한 나라에 부유한 사람들이 살기도 한다. 브라질의 상파울루에는 수영장이 딸린 고급 아파트 바로 옆에 양철 지붕 집이 가득한 판자촌이 있다. 판자촌으로 이루어진 빈민 지역에는 수돗물이나 전기를 이용하지 못하는 사람들도 있다.

도움말 주신 전문가: 샬럿 그린바움 **함께 보아요:** 교육, 5권 40~41쪽; 민권, 7권 44~45쪽; 새로운 갈등, 새로운 희망, 7권 46~47쪽; 하나의 세계, 8권 6~7쪽; 엄청난 부자, 8권 18~19쪽; 도시, 8권 20~21쪽; 환경 문제, 8권 32~33쪽; 기후 변화를 멈춰라, 8권 40~41쪽

같은 일에는 같은 보수를

일의 대가로 남성과 여성이 늘 같은 보수를 받는 것은 아니다. 세계적인 테니스 선수 미국의 세리나 윌리엄스와 스위스의 로저 페더러도 예외는 아니었다. 현대에 들어 여성들은 남성들과 똑같은 일을 했더라도 보통 남성들보다 적은 돈을 벌었다. 미국에서 여성의 보수는 대개 남성의 80퍼센트이다. 이런 차이를 '성별 임금 격차'라고 하는데, 시간이 지나면서 차츰 좁혀지고 있다.

덴마크나 노르웨이 같은 나라에서는 남성과 여성의 보수 차이를 줄이는 데 도움이 되는 법을 만들었다.

의료 복지

미국처럼 부유한 나라에 사는 사람은 가난한 나라에 사는 사람들보다 더 좋은 의료 복지를 이용할 수 있다. 그런데 미국의 의료비는 비싸서 무료 진료소에 가지 않으면 진료를 받기 힘든 경우가 많다. 2021년에는 미국인 10명 중 1명이 의료 보험을 가지고 있지 않았다. 영국과 같은 몇몇 국가에서는 의료 복지를 공적 기금으로 운영하여, 주민이면 부자든 가난하든 무료로 이용할 수 있다.

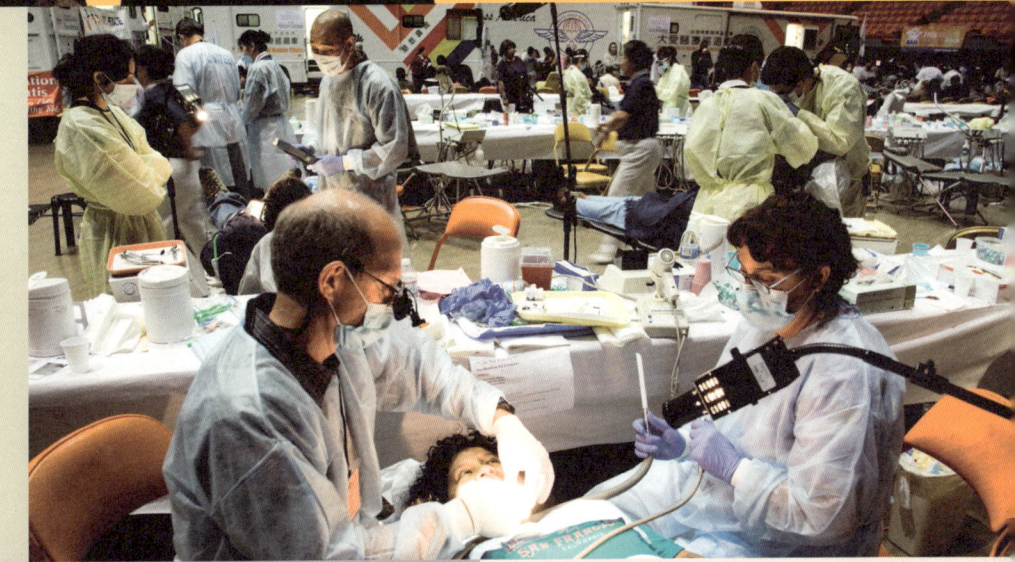

물의 불평등

세계에는 깨끗한 물을 구하지 못하는 사람들이 많다. 인도에서는 먹을 수 있는 깨끗한 물을 사용하지 못하는 사람이 세계에서 가장 많은 9000만 명이나 된다. 인도 사람 10명 가운데 4명은 제대로 된 화장실을 이용하지 못하고 있다. 위생 설비가 부족하여 물이 쉽게 오염되고, 질병이 퍼질 위험이 늘어난다. 기후 변화의 영향까지 더해져서 물과 같은 기초적인 자원을 이용하기는 점점 더 어려워질 것이라고 학자들은 경고하고 있다.

세계의 가난

세계 인구의 10퍼센트가 하루에 초콜릿 2개 값인 2500원도 안 되는 돈으로 생활한다. 세계 인구의 절반 정도는 7300원이 안 되는 돈으로 하루를 산다. 그러나 1990년 이후에는 먹을 것을 구하지 못할 정도로 절대 빈곤에 가깝게 생활하는 사람들이 약 35퍼센트 줄어들었다.

인도에서 물을 구해 오는 임무는 주로 여성들에게 주어진다.

양동이를 우물 아래로 내려서 물을 뜬다.

세계를 먹이다

세계 사람들은 대부분 농부가 생산하는 식량을 먹는다. 그러나 지구에 살고 있는 80억 명이 모두 먹을 만큼 식량이 충분한지는 의문이다. 식량이 부족한 사람들은 8억 2000만 명이 넘으며, 앞으로 더 늘어날 것이다. 전 세계에서 생산되는 식량은 모든 사람에게 충분할 만큼의 분량이지만, 생산된 식량의 3분의 1은 운송이나 저장 과정에서 상하거나 손실되고, 가정에서는 음식물 쓰레기로 버려진다. 음식 낭비를 멈추는 것이 정말 중요하지만, 더 많은 식량을 생산할 수 있도록 새로운 농업 기술도 개발해야 하고, 식량으로 삼을 수 있는 새로운 식품도 찾아내야 한다.

식용 곤충

사람은 오랫동안 메뚜기와 같은 곤충을 식량으로 삼았다. 세계적으로 20억 명 정도가 곤충을 정기적으로 먹는다. 거저리와 같은 식용 곤충은 영양이 풍부하고 대량으로 사육할 수도 있다. 곤충을 먹는다는 것을 낯설게 여기는 사람도 있겠지만, 맛을 본다면 마음이 바뀔 수도 있다. 구운 거저리는 고소한 맛이 나며, 귀뚜라미는 팝콘같이 바삭하게 씹히는 맛이 있기 때문이다.

씨앗을 지켜라

질병이나 핵전쟁 때문에 어떤 작물이 세상에서 사라져 버린다면 어떻게 될까? 사람들은 어떻게 살아남을 수 있을까? 노르웨이의 국제 종자 저장고가 그 해답이 될 수 있다. 북극에서 멀지 않은 스발바르 제도 스피츠베르겐섬에 있는 국제 종자 저장고에는 100만 종이 넘는 다양한 씨앗들이 보존되어 있다. 세계에서 가장 큰 규모이며, 세계 각 나라에서 보내온 옥수수, 토마토와 같은 다양한 작물들의 씨앗을 냉동 보존한다.

고기와 우유 제품

필수 영양분인 단백질을 섭취하기 위해 먹는 고기와 우유로 만드는 제품은 동물에서 얻는다. 그런데 동물을 기르는 것이 환경에는 나쁠 수 있다. 소는 방귀와 트림으로 메탄가스를 엄청나게 배출한다. 메탄가스는 지구의 열을 가두어 온실 효과를 일으키는 온실가스로, 지구 온난화 원인 가운데 하나이다. 우리가 고기를 덜 먹어서 소를 덜 키울 수 있다면, 온실가스를 줄여 기후 변화를 막는 데에 도움이 될 수 있다. 미국에 있는 모든 사람이 '일주일에 햄버거 1개 덜 먹기 운동'을 1년 동안 계속한다면, 자동차 1000만 대를 운행하지 않은 것과 비슷한 효과를 볼 수 있다.

소 1마리가 1년 동안 배출하는 메탄가스의 양은 180킬로그램에 이른다.

도움말 주신 전문가: 멜리사 페트루젤로 **함께 보아요:** 대기, 2권 40~41쪽; 기후, 2권 46~47쪽; 음식과 조리, 5권 18~19쪽; 불평등, 8권 10~11쪽; 지구의 불빛, 8권 14~15쪽; 도시, 8권 20~21쪽; 환경 문제, 8권 32~33쪽

지구를 먹여 살리는 방법

전 세계에 식량을 지속적으로 공급하기 위해서는 더 효율적인 농업 기술과 식품 생산 기술을 개발해야 한다. 지구를 먹여 살리기 위해 새로 고안된 방법이 네 가지 있다.

1. 수직 농업 고층 건물처럼 수직으로 여러 층을 올려 작물을 키우면 작은 땅에서 많은 식량을 생산할 수 있다. 땅을 사용할 수 없거나 땅이 작물 재배에 적합하지 않을 때에도 좋은 방법이다. 고층 건물을 과일과 채소를 키우는 데 사용한다면 도시에서도 작물을 키울 수 있다.

2. 목장의 원격 장치 멀리 떨어진 곳에서 작동하게 하는 것을 '원격 장치'라고 한다. 소의 몸에 원격 감지기를 달면 멀리서도 소가 잘 지내고 있는지 계속 확인할 수 있다. 감지기를 소의 발목에 달면 적게 걷는지 아니면 많이 걷는지도 알 수 있다.

3. 스마트 농업 자동 트랙터, 작물의 성장을 공중에서 관찰하는 드론, 뿌리는 씨의 양을 정확하게 측정하는 기계와 같은 최신 기술로 농업 생산성을 더 높일 수 있다.

4. 첨단 온실 첨단 기술을 활용하는 온실에서는 인공 조명과 자동 재배 시스템을 활용해 작물 재배 환경을 효과적으로 조절하여, 수확량을 늘리고 생장 속도를 높일 수 있다.

대체 고기

맛이나 씹는 느낌은 마치 고기 같지만, 콩이나 밀의 단백질로 만든 대체 고기를 넣은 햄버거의 인기가 높아지고 있다. 대체 고기 식품은 환경이나 동물에 해를 끼치지 않고 사람들의 입맛에 맞는 식품을 만들어내려는 노력의 결과이다. 과학자들은 또 실험실에서 고기를 키우는 방법도 연구하고 있다. 동물 세포를 생물 반응기라는 특수한 기계 안에서 키워서 고기를 생산하는 것으로, 이렇게 만들어진 고기는 '배양 고기'라고 한다.

밝혀지지 않은 이야기
지구 위의 모든 사람을 먹일 수 있는 방법은?

우리가 소비하는 열량의 60퍼센트는 주요 작물인 쌀·밀·옥수수·콩에서 나온다. 온 세계 사람들이 모두 제대로 밥을 먹으려면, 변화하는 기후에 적응할 수 있는 작물을 재배해야 하고, 농장에서 식탁에 이르기까지 더 나은 식품 저장 시설을 갖춰야 하며, 가정에서 음식을 낭비하지 않아야 한다.

소의 트림에는 방귀보다 더 많은 메탄가스가 들어있다.

지구의 불빛

밤에 지구를 찍은 사진을 보면 어디서 전기를 사용하는지 알 수 있다.
우주에서 보면 사람이 많이 사는 지역에서 불빛이 더 밝게 빛나는 것을 알 수 있다.
남아메리카 대륙의 아마존 열대 우림이나 아시아 대륙 북부 시베리아 같은 곳에는 사람이 별로
살지 않기 때문에 매우 어둡다. 전력의 공급이 제한되어 있어 암흑에 잠겨 있는 지역도 있다.
어떤 나라는 발전소를 지어 전선을 사람들의 집에까지 연결할 돈이 없기 때문이다.
아프리카 대륙의 사하라 사막과 남극 대륙은 달빛을 반사하여 푸르스름해 보인다.

도움말 주신 전문가: 에릭 그레거슨 **함께 보아요:** 태양, 1권 26~27쪽; 에너지, 3권 28~29쪽; 불평등, 8권 10~11쪽; 도시, 8권 20~21쪽; 인터넷, 8권 22~23쪽; 환경 문제, 8권 32~33쪽

북극해

시베리아

유럽
— 러시아 모스크바
— 폴란드 바르샤바
프랑스 파리
이탈리아 로마

아시아
중국 베이징
대한민국 서울
일본 도쿄

이스라엘 예루살렘
이집트 카이로
인도 델리

사하라
사우디아라비아 메카
중국 홍콩

아프리카
필리핀 마닐라
타이 방콕

콩고 분지
인도양
태평양

인도네시아 자카르타

오스트레일리아
남아프리카 공화국 요하네스버그
오스트레일리아 퍼스
오스트레일리아, 시드니
남아프리카 공화국 케이프타운

남극해

남극 대륙

태양열로 만든 불빛

전 세계에서 10억 명에 가까운 사람들이 전기를 쓰지 못하고 있다. 아프리카 사람 10명 가운데 7명은 전기 없이 산다. 한 가지 방법은 태양열 발전을 이용하는 것이다. 국제 비영리 기구인 '리틀 선'은 낮에 태양열로 충전해서 밤에 불을 켜는 휴대용 전등을 생산한다. 전선을 연결하지 않아도 사용할 수 있기 때문에, 전력이 공급되지 않는 곳에서도 어두워지면 불을 켤 수 있다.

현대의 전투

부유하고 강력한 나라들의 군대는 군사적 충돌에서 유리한 위치를 차지하기 위해 점점 더 발전하는 첨단 기술을 이용한다. 인공위성이나 드론과 같은 첨단 기술을 이용한 무기로 현대의 전쟁터는 완전히 바뀌었다. 새롭게 등장한 전쟁도 있다. 가짜 정보를 퍼뜨리거나 적군의 군사 기밀을 몰래 빼내어 벌이는 사이버 전쟁이다. 기업이나 정부의 통신망을 대상으로 한 사이버 공격은 큰 피해를 끼칠 수도 있다.

장착된 카메라로 영상을 촬영해 기지로 보낸다.

이 드론은 거미를 잡아먹는 벌의 이름을 딴 '타란툴라 호크'라고 부른다. 땅에서 수직으로 떠오를 수 있다.

배낭에 넣고 다닐 수 있을 정도로 가볍다.

드론의 다리.

병사들은 드론을 이용해 숨겨진 폭발물을 찾아내기도 한다.

드론 전쟁

'드론'은 사람이 타지 않고 멀리서 작동하는 작은 항공기를 말한다. 멀리 있는 표적까지 날아가 미사일을 발사하는 무인 항공기도 드론에 속한다. 드론은 수천 킬로미터 떨어진 곳에 있는 기지에서도 조종할 수 있기 때문에 작은 드론을 공중 감시에 활용하기도 한다. '공중 감시'란 공중에서 멀고 넓은 지역을 감시하는 것이다. 전투 드론은 병사가 전쟁터에 나가지 않고도 적군을 표적으로 삼을 수 있다.

도움말 주신 전문가: 잭 스나이더 **함께 보아요:** 인공위성, 1권 42~43쪽; 지구 측정하기, 2권 10~11쪽; 갈등과 전쟁, 5권 24~25쪽; 제1차 세계 대전, 7권 30~31쪽; 제2차 세계 대전, 7권 38~39쪽; 새로운 갈등, 새로운 희망, 7권 46~47쪽; 세계의 나라, 7권 48~49쪽

전쟁에서 도망치다

주로 전쟁 때문에 집을 떠나야만 했던 사람들을 '난민'이라고 한다. 전 세계 난민은 2600만 명 정도인데, 이 가운데 시리아 내전을 피해 탈출한 난민이 600만 명이나 된다. 많은 난민이 다시는 집에 돌아갈 수 없을 것이다. 2017년, 미얀마 군대는 이슬람교를 믿는 소수 민족인 로힝야족을 공격하여 나라 밖으로 쫓아냈다. 로힝야족 난민들은 공격받은 지 2년 되는 날 방글라데시의 난민촌에서 집회를 가졌다.

인공위성은 다른 인공위성에 가까운 궤도를 돌면서 감시를 할 수 있다.

지구에서 쏘아올린 매우 강력한 레이저로 위성을 파괴할 수도 있다.

인공위성으로 지구 표면의 사진을 찍을 수도 있다.

우주 전쟁

오늘날에는 인공위성을 다른 나라를 감시하는 데 사용하는 나라도 있다. 우주 전쟁에서는 위성들 자체가 표적이 될 수도 있다. 인공위성이 파괴되면 일상생활에 큰 영향이 미치게 된다. 전 세계의 위성 항법 시스템, 텔레비전 신호 중계, 휴대 전화 통신이 인공위성에 의존하고 있기 때문이다.

비대칭 전쟁

강력하고 특별한 무기를 잘 갖춘 군대와, 무기를 제대로 갖추지 못한 군대가 싸우는 전쟁을 '비대칭 전쟁'이라고 한다. 약한 군대가 쓸 수 있는 무기가 1947년에 개발된 아주 오래된 총인 칼라시니코프 소총밖에 없을 수도 있다. 약한 군대는 강력한 적에 대항하기 위해서 숨어있다가 습격하는 게릴라전이나 테러 같은 전략을 택하기도 한다.

굶주림이라는 무기

전쟁에서 이기기 위해 식량 공급을 막아 버릴 때도 있다. 한 나라 안에서 몇몇 집단이 서로 싸우는 내전에서 많이 일어나는 일이다. 사람들에게 공급하는 식량을 줄이면, 굶주림을 겪게 되고 의욕을 잃게 된다. 예멘에서는 식량 공급을 줄여 사람들이 반군 세력을 지원하지 못하도록 했다. 굶주린 예멘 사람들은 줄을 지어 식량 배급을 기다렸다.

엄청난 부자

세상에는 소수의 사람이 엄청난 재산을 갖고 있다. 실제로, 세계 인구의 1퍼센트에 해당하는 사람들이 전 세계 재산의 40퍼센트를 소유하고 있어, 경제적 불평등의 현실을 보여주고 있다. 부자들은 보통 재산이 많다는 것을 자랑하기 위해 고급 자동차와 요트, 성처럼 어마어마한 저택 등 값비싼 것들을 사들인다. 하지만 어떤 부자들은 다른 사람들을 돕는 데 돈을 쓰기도 한다. 이런 사람들을 '자선가'라고 한다.

거부들

부자 가운데에서도 으뜸가는 큰 부자를 '거부'라고 한다. 세계에는 개인 재산 1조 원이 넘는 엄청난 거부가 2000명쯤 있다. 미국과 중국에 가장 많다. 카일리 제너는 자신이 운영하는 화장품 회사로 겨우 21세 때 거부가 되었다. 가장 나이가 많은 거부는 중국 출신으로 싱가포르의 해운 회사를 창립했던 창윈충이었는데, 아들에게 회사를 물려주고 은퇴했던 100세 때 2조 원이 넘는 재산을 갖고 있었다.

- 카일리 제너는 2020년에 1조 원의 재산을 가진 자산가가 되었다.

- 유명 브랜드 베르사체의 드레스를 입은 카일리 제너. 착용한 다이아몬드, 자주색 사파이어 귀걸이와 반지를 포함한 보석들의 가치는 무려 거의 60억 원이나 된다.

세계 최고의 부자들

부자들이 돈을 버는 방식은 서로 다르다. 아래는 2020년 기준 세계 최고의 부자들이다.

1. 제프 베조스 온라인 회사 아마존닷컴을 세웠으며 재산은 170조 원에 이른다.

2. 빌 게이츠 마이크로소프트를 설립했으며 빌앤드멀린다게이츠 재단을 통해 126조 원의 재산 가운데 많은 금액을 기부했다.

3. 베르나르 아르노 루이뷔통 등 많은 패션 브랜드를 소유하고 있으며 재산은 110조 원이다.

4. 워런 버핏 투자가이자 자선가이며 재산은 90조 원이라고 한다.

5. 래리 엘리슨 컴퓨터 소프트웨어 기업인 오라클의 공동 창립자이며 재산은 81조 원이다. 지금은 오라클의 최고 기술 책임자로 일하고 있다.

6. 마크 저커버그 페이스북을 설립했으며 재산은 79조 원이다.

7. 아만시오 오르테가 유럽에서 가장 부자로 알려진 패션 기업가로 재산은 77조 원이다.

8. 스티브 발머 마이크로소프트의 전 최고 경영자로 재산은 76조 원이다.

9. 래리 페이지 구글의 공동 창립자이며 재산은 69조 원이다. 세르게이 브린과 함께 구글 검색 엔진에서 사용하는 알고리즘을 발명했다.

10. 짐 월튼 월마트 창업자인 샘 월튼의 막내아들로 재산은 69조 원이다.

자선가

좋은 목적을 위해 돈을 기부하는 부자들도 있다. 빌 게이츠와 멜린다 게이츠는 빈곤 퇴치와 코로나바이러스 연구를 포함한 보건 의료 분야의 발전을 위해 수조 원을 기부했다. 말라리아를 없애기 위한 사업에도 기금을 대고 있다. 말라리아는 모기를 통해 감염되는데 매년 수십만 명이 이 병으로 목숨을 잃는다. 보건 의료 분야뿐 아니라 교육 기금을 지원하여 개발 도상국의 교육 확대를 돕고 미국 학생들에게 장학금을 지급하고 있다.

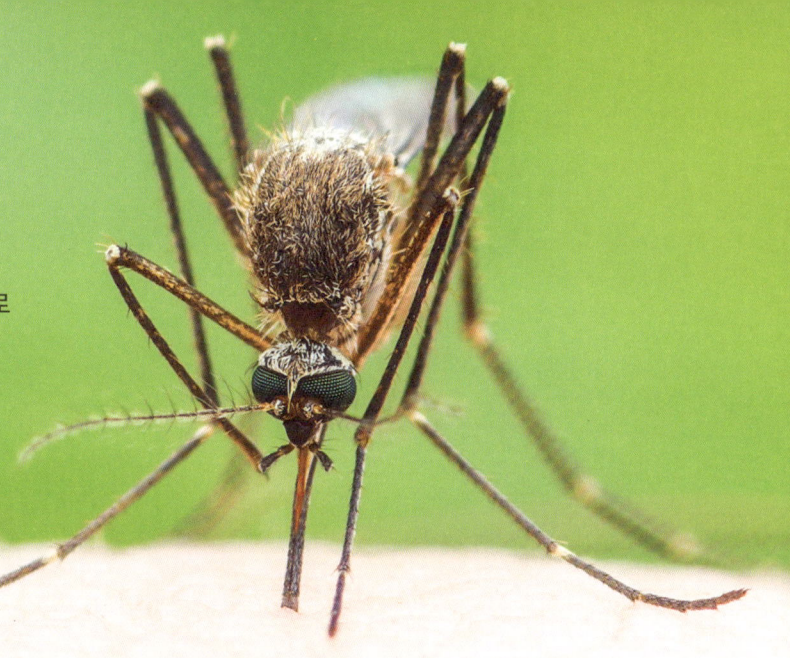

황금 변기

2019년 상하이 무역 박람회에 전시되었던 황금 변기에는 다이아몬드 4만 개가 박힌 방탄 시트가 달려 있었다. 가진 돈이 얼마나 많은지 보여주기 위해 물건을 사는 것을 '과시적 소비'라고 한다. 황금 변기, 고급 자동차, 다이아몬드가 박힌 반려견 목걸이와 같은 사치스러운 물건들을 사는 것은 모두 경제적 지위를 과시하는 방법이다.

사실은!

한국의 평범한 회사원이 1조 원의 자산을 가진 거부가 되려면 2만 년이 넘게 걸릴 것이다. 그러나 세계의 엄청난 거부들은 1분도 안 되는 동안에 평범한 회사원의 1년 수입보다 많은 돈을 번다.

부자처럼 살기

부자가 되어 고급 자동차를 즐겨 사는 사람도 있다. '슈퍼카'는 고급 자동차 중에서도 성능과 디자인이 뛰어나 매우 값비싼 차를 말하고, '하이퍼카'는 슈퍼카 가운데에서도 가장 성능이 좋으며 특별한 기술이 적용되어 더 비싼 차를 말한다. '부가티 라 부아튀르 누아르'라고 하는 이 차는 하이퍼카이다. 한 대의 값은 220억 원으로 지금까지 제작된 차 가운데 가장 비싼 차에 속한다. 이렇게 비싼 차는 재산을 과시하기 위해서, 또는 투자 목적으로 구입한다. 이런 차를 타고 멀리까지 다니지는 않을 것이다.

도시

도시는 아주 넓고, 크고 작은 건물이 빽빽하게 들어서 있으며, 서로 다른 배경을 가진 사람들이 가깝게 살거나 일하는 곳이다. 세계 인구의 절반 이상이 도시나 도시 근처에 살고 있다. 큰 도시에 살면 좋은 점이 많다. 작은 도시나 시골 마을보다 일자리와 학교, 상점이 많다. 다양한 문화 활동을 즐길 수 있으며, 대중교통 수단도 잘 발달해 있다. 그러나 도시 지역은 시골보다 환경 오염이 심하고, 사고의 위험도 많다. 2050년에 이르면 세계 인구의 3분의 2가 도시에 살고 있을 것이다.

도시의 확장

비행기에서 찍은 영국 맨체스터 사진에서 볼 수 있는 것처럼, 많은 도시가 중심지에서 주변 지역으로 퍼져나간다. 이것을 '도시의 확장'이라고 한다. 많은 사람이 도시를 둘러싸고 있는 지역에 사는데, 이 지역을 '교외'라고 한다. 교외 지역에서 도시 안으로 들어가려면 자동차를 타거나 버스, 지하철, 기차와 같은 대중교통을 이용해야 한다.

대기 오염

마시는 공기가 더러워지면 아주 작은 먼지들이 허파 속으로 들어가 건강에 이상이 생기게 된다. 영국의 수도인 런던에서 대기 오염을 일으키는 주요 원인은 도로 위를 달리는 자동차들인데, 공기를 깨끗하게 만들기 위해서 전기로 움직이는 2층 버스를 운행하고 있다. 세계에서 대기 오염이 가장 심한 도시는 인도의 가지아바드이다. 인도에서 대기 오염으로 사망하는 사람들은 한 해에 100만 명이 넘는다.

도움말 주신 전문가: 샤우너 브레일 함께 보아요: 화석 연료, 2권 34~35쪽; 대기, 2권 40~41쪽; 기후, 2권 46~47쪽; 연소, 3권 14~15쪽; 비금속, 3권 22~23쪽; 도시의 야생 동물, 4권 188~89쪽; 산업 혁명, 7권 28~29쪽; 하나의 세계, 8권 6~7쪽

마천루

하늘을 찌를 듯이 높게 솟은 고층 건물을 '마천루'라고 한다. 주로 많은 사람들이 일하는 사무실로 이용하지만, 사람들이 살고 있는 아파트일 때도 있다. 대한민국의 수도인 서울에는 12층이 넘는 고층 건물이 전 세계에서 가장 많다. 서울 하늘에 우뚝 솟아 있는 123층 건물 롯데월드타워는 높이 555미터로, 세계에서 5번째로 높은 건물이다. 세계에서 가장 높은 고층 건물은 아랍 에미리트 연방 두바이에 있는 부르즈 할리파인데 높이가 828미터나 된다.

환경친화적인 도시들

세계의 도시들은 보통 매우 혼잡하지만, 나라마다 도시를 더 환경친화적으로 바꾸기 위해 노력한다. 도시와 교외에 사는 사람들의 건강을 위해서 도시마다 다양한 방법을 마련하고 있다.

1. 코펜하겐 덴마크의 수도인 코펜하겐에는 자동차보다 자전거가 더 많다. 2025년까지 세계 최초의 탄소 중립 도시가 되려고 한다. '탄소 중립'이란 석탄이나 석유와 같은 화석 연료를 덜 사용하여 온실가스를 최대한 만들지 않는 것을 말한다.

2. 쿠리치바 브라질 남부에 있는 쿠리치바는 쓰레기의 70퍼센트를 재활용해 새로운 제품이나 재생 에너지를 만들기 때문에 '녹색 도시'라고 불린다.

3. 레이캬비크 아이슬란드의 레이캬비크는 2050년까지 석유나 석탄 같은 화석 연료를 사용하지 않는 도시가 되려고 한다. 대신 땅속에서 나오는 지열을 활용해서 도시에 전력을 공급할 것이다.

4. 싱가포르 아시아 남부 싱가포르 공화국의 수도 싱가포르에는 정원이 많다. 어떤 정원들은 건물 옥상에 있기도 하다. 초현대적인 분위기의 슈퍼트리 공원에는 거대한 나무처럼 생긴 틀에 식물들이 자라게 만든 정원이 있다.

5. 밴쿠버 캐나다 밴쿠버는 전력의 90퍼센트를 재생 가능 에너지로 만드는 친환경 도시로, 매우 깨끗하며 공원도 많다.

혼잡한 도시들

일본의 수도인 도쿄를 중심으로 한 대도시권에는 3800만 명이나 살고 있어, 대도시권 가운데 세계에서 가장 인구가 많다. 그러나 도쿄가 세계에서 가장 혼잡한 도시는 아니다. 1제곱킬로미터에 사는 사람들의 수를 '인구 밀도'라고 하는데, 도쿄의 인구 밀도는 6000명에 불과하지만, 방글라데시 다카는 4만 1100명이어서 혼잡도가 도쿄의 7배에 이른다.

세계에서 가장 혼잡한 도시들

1제곱킬로미터 넓이에 사는 인구

방글라데시 다카	4만 1100명
소말리아 모가디슈	2만 8200명
인도 수라트	2만 7400명
인도 뭄바이	2만 6800명
중국 홍콩	2만 6100명

인터넷

인터넷은 전 세계의 컴퓨터들을 통신망을 통해 연결한 것을 말한다. 20세기 말에 발명된 인터넷은 세상을 바꾸어버렸다. 인터넷을 통해 온갖 정보를 저렴한 비용으로 즉시 나눌 수 있게 되자 사람들의 의사소통 방법과 사업의 방식, 서로 어울리고 교류하는 방법이 바뀌었다. 이제는 많은 나라 사람들이 거의 온종일 인터넷에 연결된 상태로 시간을 보낸다. 물건을 사고팔거나 정보를 찾고, 텔레비전 프로그램이나 영화를 감상하며, 친구들과 게임을 하거나 이야기를 나누면서 말이다.

월드 와이드 웹

인터넷과 월드 와이드 웹은 무엇이 다를까? 인터넷은 전 세계의 컴퓨터들이 서로 연결된 광범위한 컴퓨터 통신망을 설명하는 개념이다. 멀리 떨어진 대륙 사이는 빛을 이용한 통신 방식인 광통신망으로 연결되어 있기도 하다. 월드 와이드 웹은 우리가 인터넷을 통해서 찾아볼 수 있는 모든 사이트와 문서들을 부르는 개념이다.

도움말 주신 전문가: 에릭 그레거슨 함께 보아요: 인공위성, 1권 42~43쪽; 매체, 8권 24~25쪽; 스마트 기술과 인공 지능, 8권 30~31쪽

인터넷의 역사

1969년 미국 국방부에서 컴퓨터의 정보를 서로 연결하기 위해 '아파넷'이라는 초기 인터넷을 개발했다.

1973년 미국과 영국의 컴퓨터 통신망이 서로 연결되어 국제적인 인터넷이 생겨났다.

1982년 전화선으로 다른 나라의 통신망과 의사소통을 할 수 있게 되었다.

1985년 최초의 '닷컴(.com)' 사이트가 등록되었다.

1991년 월드 와이드 웹이 공개되어 인터넷에서 정보를 더 쉽게 찾고 공유할 수 있게 되었다.

1995년 아마존닷컴이 설립되었고, 1998년에는 구글, 2004년에는 페이스북이 설립되었다.

2020년 전 세계 인구의 절반, 40억 명이 넘는 사람들이 매일 인터넷에 접속하고 있다.

정보 격차

전 세계 사람들 가운데 약 30억 명 정도는 인터넷을 이용하지 못한다. 더 많은 사람들이 인터넷을 이용할 수 있도록, 땅속에 통신선을 더 많이 깔아서 멀리 떨어진 지역을 연결하는 것과 같은 작업이 계속 진행되고 있다. 미국 그랜드 캐니언에서도 가장 깊은 계곡에 있는 수파이 마을에는 2019년까지 인터넷이 연결되어 있지 않았다. 지금은 계곡 위에 중계탑과 안테나를 세워서 수파이 마을 사람들도 인터넷에 접속할 수 있게 되었다.

인터넷의 1분

이 도표를 보면 2019년 딱 1분 동안 전 세계적으로 인터넷에서 어떤 활동을 했는지 알 수 있다. 트위터나 인스타그램 같은 누리 소통망과 유튜브와 넷플릭스 같은 오락 채널이 인터넷에서 보내는 시간의 큰 부분을 차지한다.

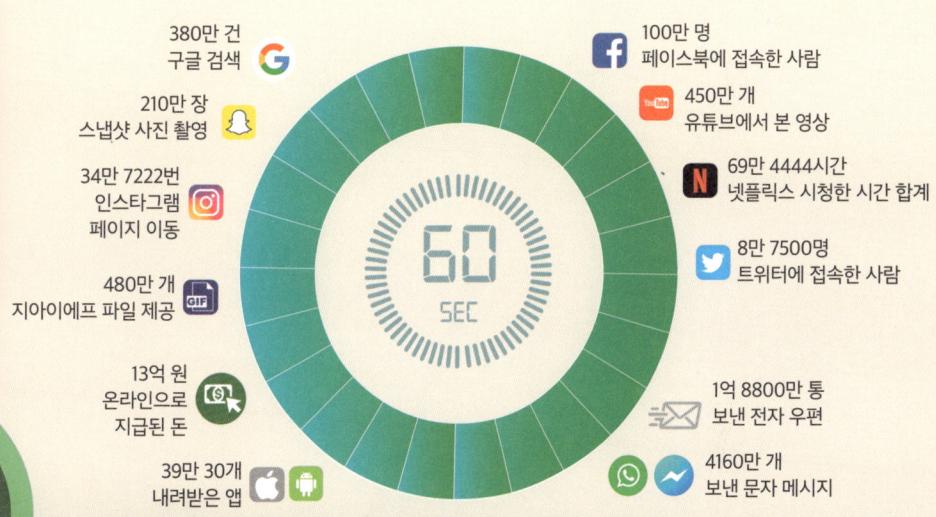

- 380만 건 구글 검색
- 210만 장 스냅샷 사진 촬영
- 34만 7222번 인스타그램 페이지 이동
- 480만 개 지아이에프 파일 제공
- 13억 원 온라인으로 지급된 돈
- 39만 30개 내려받은 앱
- 100만 명 페이스북에 접속한 사람
- 450만 개 유튜브에서 본 영상
- 69만 4444시간 넷플릭스 시청한 시간 합계
- 8만 7500명 트위터에 접속한 사람
- 1억 8800만 통 보낸 전자 우편
- 4160만 개 보낸 문자 메시지

세상을 바꾼 인물

팀 버너스리
영국의 컴퓨터 과학자, 1955년 출생

1989년에 영국의 컴퓨터 과학자 팀 버너스리가 대학과 연구소 사이에서 정보를 공유하는 방법인 '월드 와이드 웹'을 고안해 내었다. 세계에서 가장 큰 과학 연구 시설인, 스위스에 있는 유럽 입자 물리 연구소에서 개발했으며, '웹사이트'라는 말도 처음 등장했다. 웹사이트는 개인이나 단체가 인터넷에서 운영하는 웹 문서들의 묶음을 말한다.

우주 인터넷

스페이스엑스와 같은 몇몇 회사에서 인공위성을 지구 궤도로 쏘아 올리고 있다. 무선 통신을 이용, 인공위성의 중계를 통해 인터넷에 연결할 수 있도록 하기 위해서이다. 수백 개에서 수천 개에 이르는 인공위성이 일정한 간격을 두고 지구 상공에서 신호를 중계하면, 어디에서나 인터넷에 접속할 수 있을 것이라는 생각에 바탕을 두고 있다. 그러나 이 사업에 대한 우려도 없지 않다. 그 많은 인공위성이 궤도에서 서로 충돌할 수도 있기 때문이다.

넓고 넓은 인공위성 통신망이 지구를 둘러싸게 될 것이다.

매체

우리가 소식이나 정보, 오락거리를 얻는 수단으로, '미디어'라고도 한다. 신문·잡지·텔레비전·라디오·인터넷·비디오게임·앱과 가상 현실도 모두 매체이다. 우리는 기사를 읽고, 친구들과 함께 누리 소통망으로 이야기를 나누고, 좋아하는 영화를 시청하는 등 거의 매일 매체를 통해 서로 교류한다. 유튜브는 인터넷을 기반으로 한 온라인 매체의 하나이다. 오프라인 매체는 신문·책·잡지·라디오, 거리의 광고판과 같은 것들을 말한다.

제목
기사의 제목에 감정을 자극하는 표현이나, 정말일지 의심이 들 만큼 너무 좋다고 과장하는 내용이 있다면 사실인지 경계해야 한다. 웜뱃이 정말로 다른 동물들을 산불에서 구조할 수 있을까? 이런 기사를 보았을 때에는, 웜뱃에 대해서 믿을 만한 기자가 쓴 다른 기사를 찾아서 사실인지 아닌지를 확인해 보아야 한다.

기사의 품질
틀린 글자가 있거나, 맞춤법에 어긋나거나, 상스러운 말을 썼다면 조심해야 한다. 정상적인 온라인 신문사라면 기사가 맞춤법에 맞게 쓰였는지, 일반적인 신문 기사의 규칙을 지키고 있는지, 사실을 취재한 기사인지를 확인하는 기자들이 따로 있기 때문이다.

누가 썼나?
기사를 쓴 사람의 이름이 나와 있으면 어떤 자격으로 그 기사를 썼는지 알아낼 수 있다. 기사 옆에 기자에 대한 짧은 소개를 수록하기도 하는데, 만일 없다면 검색 엔진에서 그 기자가 그동안 어떤 기사를 썼는지도 조사해 보아야 한다. 여러 기사를 살펴보면 기자가 객관적인 사람인지 아니면 편견이 있는 사람인지도 알아볼 수 있다.

사진
사진이 좀 이상하거나 부자연스러워 보인다면 의심해 봐야 한다. 털이 분홍색인 동물은 아주 드물다. 같은 주제의 다른 사진들도 찾아보는 것이 좋다. 사진이 진짜인지, 아니면 슬쩍 수정한 사진이거나 주제와 관계없는 다른 사진인지를 알아보는 것이다. 책임감 있는 매체 관리자들은 사진을 위조하지 않는다.

사실 확인
정상적인 온라인 기사는 정보를 어디서 얻었는지 밝히거나, 정보를 얻게 된 웹사이트의 링크를 붙이는 경우가 많다. 이런 정보가 안 나와 있다면 검색 엔진에서 의심스러운 내용을 다시 한 번 확인해 보는 것이 좋다.

웹사이트 주소
기사가 실린 웹사이트의 주소가 낯설거나 들어본 적이 없는 곳이라면, 그 사이트의 '소개' 페이지를 찾아서 누가 정보를 제공하고 기사를 쓰는지 확인해 보는 것이 좋다. 소개 페이지에서는 사무실 주소, 웹사이트를 열고 있는 목적, 그리고 누가 책임을 지는 사람인지를 밝혀야 하기 때문이다.

잘못된 정보

매체를 통해 만나는 모든 정보가 다 사실인 것은 아니다. 실수로 잘못 작성된 기사도 있고, 사람들을 속이기 위해서 일부러 거짓으로 작성한 기사나 정보도 있다. 어떤 제품을 많이 팔기 위해서, 읽는 사람에게 슬며시 영향을 끼치려는 사람이나 조직도 있다. 어떤 정보든 항상 비판적으로 생각할 필요가 있지만, 특히 온라인에서 읽는 정보에 대해서는 믿을 수 있는 내용인지 한 번 더 살펴보아야 한다.

도움말 주신 전문가: 헤븐 테일러원 **함께 보아요:** 읽기와 쓰기, 5권 28~29쪽; 교육, 5권 40~41쪽; 인터넷, 8권 22~23쪽; 스마트 기술과 인공 지능, 8권 30~31쪽

인쇄 매체의 역사

인쇄 매체에는 책·신문·잡지가 있다. 인쇄 매체는 몇 세기 동안 소식과 정보를 얻는 가장 중요한 통로였지만, 디지털 미디어의 등장으로 상황은 바뀌고 있다.

1. **최초의 인쇄기**는 1440년경 독일의 요하네스 구텐베르크가 발명했다. 인쇄기 덕분에 책 여러 권을 빠른 속도로 인쇄할 수 있게 되었다.

2. **최초의 신문**이라고 할 수 있는 소식지가 1513년 영국 잉글랜드에서 인쇄되었다. 스코틀랜드와의 전쟁에서 잉글랜드가 이겼다는 소식이 실렸다.

3. **최초의 대중 잡지**가 1672년 프랑스에서 발행되었다. 왕실 소식과 시, 이야기가 실렸다.

4. **최초의 신문 사진**이 1848년 프랑스의 신문에 수록되었다. 봉기가 일어난 파리 거리의 모습을 담았다.

5. **최초의 전면 원색 일간 신문**인 <유에스에이투데이>가 1982년 미국에서 간행되었다.

세상을 바꾼 인물

마크 저커버그
미국의 페이스북 공동 창립자, 1984년 출생

2004년 하버드 대학의 학생이었던 마크 저커버그가 친구들과 함께 온라인으로 교류하는 독특한 방법을 고안했다. 저커버그가 고안한 페이스북은 곧 최초의 진정한 세계적인 누리 소통망 플랫폼이 되었다. 오늘날 페이스북을 이용하는 사람들은 20억 명이 넘으며, 마크 저커버그는 세계에서 가장 부유하고 영향력 있는 인물에 속하게 되었다.

텔레비전

텔레비전은 전파 신호를 통해 영상을 보내 주는 방송 매체이다. 20세기에 개발되어 오늘날까지도 계속 인기를 누리고 있다. 1950년대 후반에는 이미 많은 미국 가정에 텔레비전이 보급되어 있었다. 1969년에는 전 세계 6억 명 정도가 달 착륙 장면을 생방송으로 시청했다. 오늘날에는 텔레비전에서 방영되는 프로그램을 스마트폰과 같은 다른 장치로 인터넷을 이용해서 언제든지 원하는 시간에 볼 수 있게 되었다.

누리 소통망

누리 소통망을 하는 사람들은 보통 스마트폰을 이용해서 친구들과 이야기를 나누거나 사진과 정보를 공유하고, 동영상을 본다. 유튜브나 인스타그램 같은 앱은 플랫폼이라고 하는데, 오늘날 대단히 많은 사람들이 이용하고 있다. 전 세계 사람들은 페이스북과 인스타그램 같은 플랫폼에서 하루의 많은 시간을 보내는데, 2019년에는 텔레비전을 보는 시간보다 누리 소통망을 하는 시간이 더 많았다.

페이스북 58분 | 인스타그램 53분 | 유튜브 40분 | 스냅챗 35분 | 트위터 3분

아기 상어 춤

2012년 12월, 유튜브에 있는 한국 가수 싸이의 <강남 스타일> 동영상 조회 수가 세계 최초로 10억 회를 넘겼다. 2022년 1월에는 한국 사람이 만든 <아기 상어 춤>의 동영상 조회 수가 최초로 100억 회를 돌파했다. 유튜브의 동영상 가운데 200편 이상이 10억 회 이상의 조회 수를 기록했다. 정보가 여러 사람에게 공유되면 어떻게 퍼져나갈 수 있는지 잘 보여주는 사례로, 이런 경우를 '입소문이 났다'라고 표현한다.

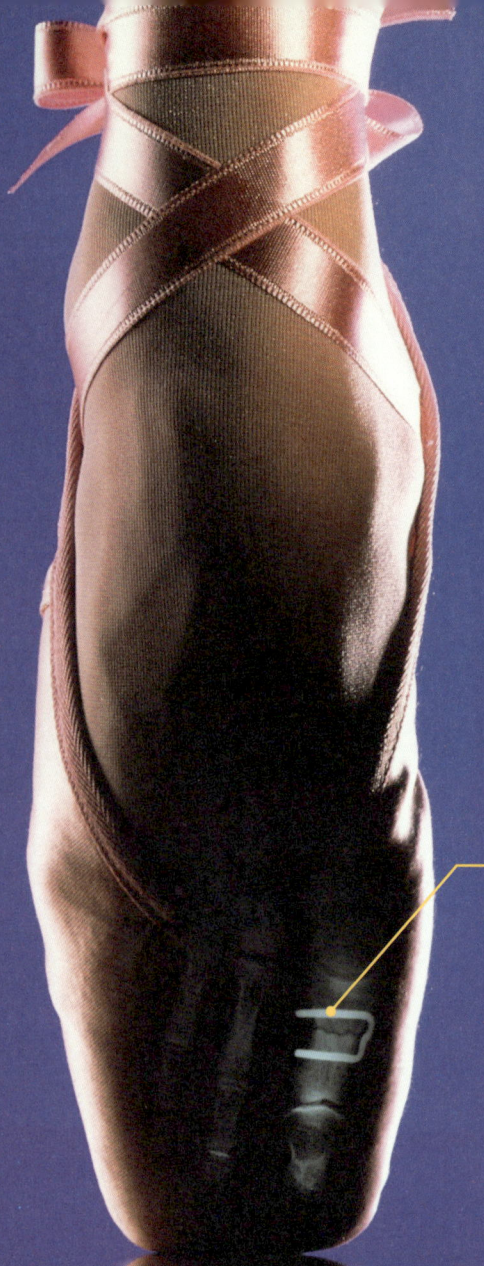

외과 의사가 원래 모양이 'ㄷ'자인 형상 기억 합금 침을 삽입한다. 삽입할 때는 똑바른 모양이다.

체온으로 따뜻해지면 침이 'ㄷ'자 모양으로 다시 구부러져, 부러진 발가락뼈 두 조각이 서로 붙을 수 있도록 단단히 고정한다.

형상 기억 합금은 정해진 온도가 되면 원래의 모양으로 돌아가는 성질을 가진 합금이다. 부러진 뼈를 고정할 때 사용해서 상처의 회복을 돕는다.

의료용 재료

손상을 입은 인체 내부의 조직을 대체하는 데 인공 물질을 쓰기도 한다. 데이크론이라는 인공 물질은 손상을 입은 혈관을 대체하는 데 사용한다. 시간이 흐르면 체내의 자연 조직이 성장해서 인공 물질을 둘러싸면서 몸이 완전히 회복된다.

인공 물질

인공 물질은 인간이 나무·석탄·진흙같이 자연에 존재하는 물질의 성질을 바꿔 만든 것을 말한다. 플라스틱은 석탄과 석유로 만든 인공 물질이다. 유리와 유리 섬유, 벽돌도 인공 물질에 속한다. 인공 물질은 쓰임새가 다양하다. 튼튼한 유리 섬유는 자동차와 비행기를 만드는 데 쓰이고, 질긴 나일론은 낙하산이나 악기의 현을 만드는 데 쓰인다.

석유를 빨아들이다

나무 스펀지는 최근에 발명된 인공 물질 이다. 화학 물질로 나무의 세포벽을 이루는 섬유소만을 남기고 기름을 끌어당기는 성분을 코팅한 것이다. 나무 스펀지는 바다나 강에 흘러든 석유를 제거할 때 사용할 수 있다. 나무 스펀지와 같은 새로운 인공 물질은 환경 오염을 제거하거나 방지하여 새의 깃털에 끈적끈적하게 석유가 묻는 것과 같은 불행한 일을 미리 막을 수 있을 것이다.

도움말 주신 전문가: 던컨 데이비스 함께 보아요: 원소, 3권, 8~9쪽; 금속, 3권 20~21쪽; 플라스틱, 3권 24~25쪽; 의료 기술, 8권 28~29쪽; 환경 문제, 8권 32~33쪽

놀라운 신소재

과학자들은 끊임없이 세상을 바꿀 새로운 물질을 개발하고 있다. 흥미롭고 놀라운 특성을 가진 새로운 인공 물질을 '신소재'라고도 부른다.

1. 탄소 나노튜브 그래핀은 탄소 원자들로 이루어진 엄청나게 얇은 막이다. 그래핀을 말아서 좁고 긴 원통 모양으로 만들면 강철보다 강하지만 머리카락보다 얇은 탄소 나노튜브가 된다. 세상에서 가장 단단한 물질로 알려져 있다.

2. 갈륨-인듐 합금 금속은 대부분 보통 온도에서는 고체이지만 수은이나 갈륨과 같이 드물게 액체인 것도 있다. 갈륨과 인듐의 합금은 비독성 액체 금속으로 '이갈른'이라고 한다. 이갈른은 아주 얇은 틈을 따라 흘러 넣을 수도 있으며 전기도 잘 통하기 때문에, 유연하게 모양을 바꿀 수 있도록 만든 전자 기기에서 쓸모가 많다.

3. 발포 금속 금속에 스펀지처럼 작은 구멍을 많이 만든 후에 가스를 채워 넣어 만든다. 보통 가벼운 알루미늄으로 만드는 발포 금속은 건물의 방음 시설이나, 자동차의 충돌 사고에 대비한 충격 흡수재로 사용한다.

4. 금속 유리 액체 금속을 아주 빠르게 식히면 유리처럼 일반적인 금속보다 훨씬 단단한 성질을 가진 물질이 된다. 금속 유리는 골프채나 비행기 같은 것을 만드는 데 쓴다.

5. 니티놀 니켈과 타이타늄으로 만든 니티놀은 형상 기억 합금이어서 정해진 온도가 되면 원래의 모양으로 돌아간다. 심장 이식이나, 치아 교정기를 만드는 데 쓰고, 부러진 뼈가 붙는 동안 고정해주는 용도로도 사용한다.

사실은!

과학자들이 그래핀을 발견한 것은 접착테이프 덕분이었다. 그래핀은 탄소로 만든다. 매우 얇고 가볍지만, 강철보다 200배 더 강하다. 과학자들은 연필심과 같은 물질인 흑연에서 탄소의 층을 얇게 떼어 내기 위해서 접착테이프를 이용했다. 시험 삼아 흑연 덩어리에 접착테이프를 붙였다가 떼어 내어 탄소 원자 한 층으로 이루어진 그래핀을 얻을 수 있었다.

케블라

경찰이나 군인들이 입는 방탄조끼는 케블라로 만든다. 케블라는 플라스틱으로 뽑은 섬유의 한 종류인데, 결을 어긋나게 천으로 만들면 총알도 뚫을 수 없을 정도로 강한 물질이 된다. 케블라는 얇기도 해서 작은 북의 막으로 사용하기에도 아주 좋은 소재이다.

케블라로 북의 막을 만들면 아주 팽팽하게 당겨진다.

유리 섬유

유리를 섬유처럼 가늘게 뽑은 것으로, 흔히 플라스틱과 결합하여 사용한다. 방음 효과가 높고 단열 효과도 있어 쓰임새가 다양하다. 무게에 비해 매우 강하여 카약을 만들기에 좋은 소재이다.

의료 기술

현대 기술은 의학계도 바꾸어 놓았다. 병을 발견하고 치료하는 데 새로운 기술이 점점 더 많이 이용되고 있다. 개인용 기기나 건강 관리 앱으로 심장 박동 수나 수면 상태를 측정하고, 건강을 위해 할 수 있는, 각자의 상태에 알맞은 활동이 무엇인지 확인하는 사람들도 많다. 과학자들은 계속 사람들이 더 오래, 건강하게 사는 데 도움이 될 새로운 기술을 발명하고 있다. 이미 로봇이 섬세한 외과적 수술을 시행하고 있고, 삼차원 인쇄는 인공 신체 부위를 만드는 데 사용하고 있다.

건강 상태 확인하기

몸에 차고 다니는 장치로 가장 흔히 볼 수 있는 것이 스마트 시계와 건강 상태 추적기이다. 이 기기들을 이용하면 심장 박동이 얼마나 빠른지 측정할 수 있다. 근육의 움직임이나 뇌의 활동을 측정하는 기기도 있다.

마이크로 공학

알약 크기인 캡슐 내시경은 환자가 삼키면 식도와 위, 작은창자, 큰창자를 지나면서 동영상을 촬영하는 기기이다. '나노 기술'이라고 알려진, 이보다 더 작은 분야를 다루는 기술도 의사들의 진찰과 치료를 돕는다. 나노 의학 기술을 이용하면 몸 안에서 암이 발생한 부위만 밝게 비추어서 수술을 도울 수도 있고, 사람의 근육 세포 재생을 촉진할 수도 있다.

캡슐 내시경은 소화기를 따라 쉽게 내려갈 수 있도록 둥글게 만들었다.

1센티미터
실제 크기
2.5센티미터

카메라는 영상을 수천 장이나 촬영해 전송한다.

도움말 주신 전문가: 마이크 제이 함께 보아요: 사람의 몸, 5권 8~9쪽; 뇌, 5권 12~13쪽; 의학의 발전, 7권 26~27쪽; 인공 물질, 8권 26~27쪽; 미래의 인간, 8권 48~49쪽

로봇 수술

오늘날에는 다양한 로봇 수술이 이루어지고 있다. 의사는 컴퓨터로 로봇 팔을 원격 조종한다. 로봇 팔은 사람의 손보다 더 세밀하게 작동할 수 있기 때문에 의료진이 매우 섬세한 수술을 하는 데 도움이 된다. 이렇게 세밀한 수술을 받은 환자는 회복도 더 쉽게 된다.

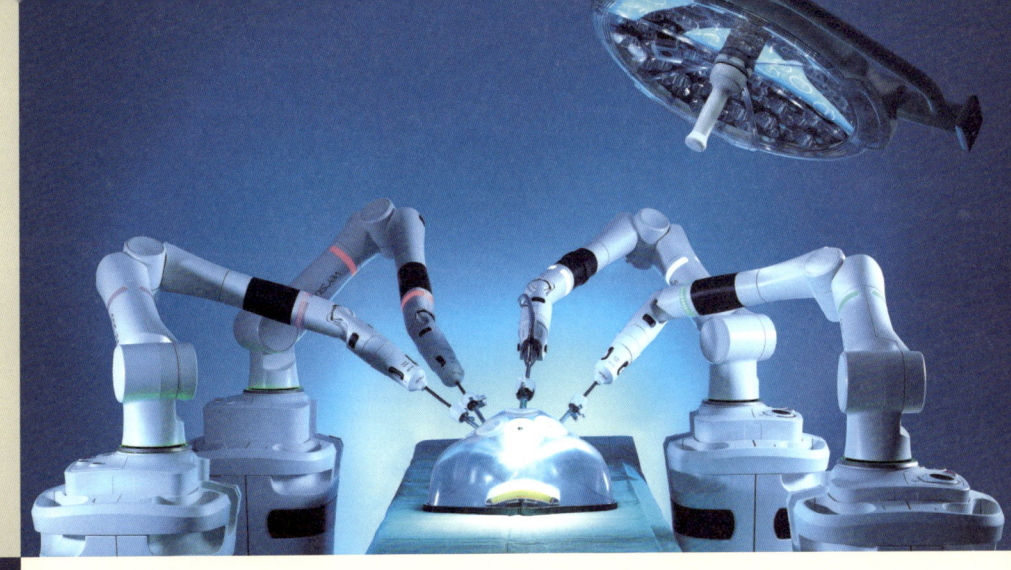

사실은!

최초의 인공 신장은 세탁기를 개조한 것이다! 우리의 신장은 몸속에 쌓인 노폐물을 걸러 내어 피를 깨끗하게 만든다. 신장이 기능을 멈추면 병에 걸리게 된다. 제2차 세계 대전 동안, 네덜란드의 의사 빌럼 콜프는 세탁기를 작동하면 원심력에 의해 핏자국과 같은 얼룩이 씻겨지는 원리에 영감을 얻어 노폐물이 쌓인 피를 세탁기와 같은 방식으로 깨끗하게 만드는 인공 신장을 만들었다. 신장이 제 기능을 못하는 환자는 인공 신장을 이용해서 피를 깨끗하게 할 수 있다.

삼차원 인쇄

수없이 많은 여러 겹을 인쇄하여 입체 모양을 만들어내는 기술을 삼차원 인쇄라고 한다. 삼차원 인쇄를 할 때는 종이 대신 플라스틱·고무·금속을 이용한다. 의학계에서는 삼차원 인쇄를 이용해 인공 팔이나 다리를 만들 수 있다. 외과 의사들이 실습을 하거나 수술 계획을 세울 때 필요한 인공 장기를 만들 수도 있다. 과학자들은 언젠가 인간의 세포로 만든 진짜 장기를 만들어낼 수도 있을 것이라고 생각한다.

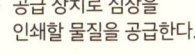
공급 장치로 심장을 인쇄할 물질을 공급한다.

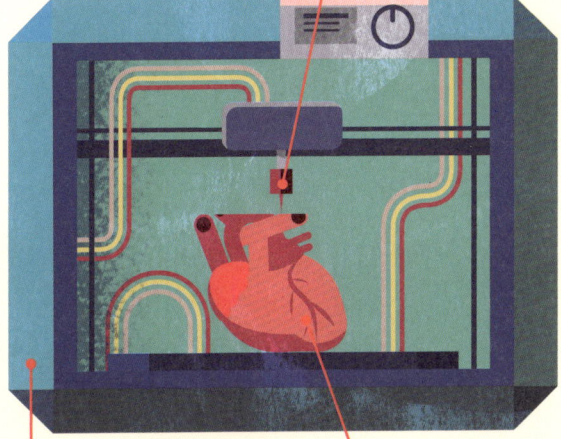

인간의 심장을 삼차원 인쇄기로 복제한 것.

삼차원 인쇄 기술 비용이 저렴해지면서 삼차원 인쇄기도 더 널리 사용되기 시작했다.

밝혀지지 않은 이야기

미래에는 인간의 뇌를 컴퓨터에 연결할 수 있게 될까?

어떤 사람들은 언젠가 인간과 기계가 연결될 것이며, 컴퓨터로 인해 인간이 더 똑똑해질 것이라고 생각한다. 남아프리카 공화국 출신 일론 머스크가 설립한 회사 뉴럴링크에서 인간의 뇌의 능력을 더욱 끌어올리겠다는 기대를 갖고 이런 연구를 하고 있다. 이 연구가 좋은 결과를 볼 것이라고 모두가 믿지는 않는다. 인간의 뇌는 이미 충분히 복잡하기 때문이다!

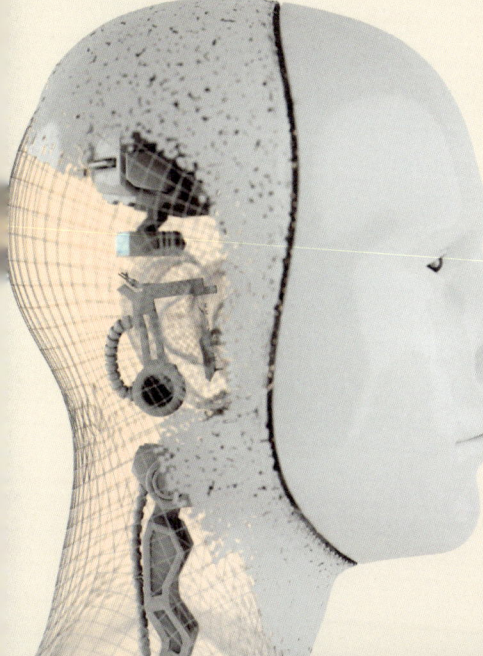

전문가의 한마디!

마이크 제이
의학의 역사 전문가

마이크 제이의 관심 분야는 우리 마음에 떠오르는 생각과 마음의 작동 방식에 대한 것이다. 의학은 인류 역사 내내 인간 사회에 없어서는 안 될 요소였다고 생각하며, 시대마다 환자들을 치료하기 위한 방법이 각각 달랐다는 사실에 몹시 흥미를 느끼고 있다.

"기술이 발전하면서 의사와 간호사가 하던 일이 완전히 바뀌긴 했지만, 기술이 의사와 간호사를 대신할 수는 없어요. 치료는 과학인 동시에 예술이거든요."

스마트 기술과 인공 지능

스마트 기기는 통신망을 이용해 사람들이나 다른 기기들과 소통을 한다. 우리는 스마트 기계에 어떤 작업을 수행하라고 지시할 수 있다. 아마존의 알렉사와 같은 인공 지능 비서도 이런 스마트 기술에 속한다. 인공 지능은 스스로 생각하거나 배워서 사람과 같은 지적인 존재와 함께 임무를 수행하는 기술이나 능력을 말한다.

스마트 홈

스마트 홈에는 서로 소통하는 장치들이 연결되어 있다. 냉장고가 스마트폰에게 우유가 얼마 안 남았다고 알려줄 수도 있고, 스마트폰이 집에 가까워지고 있는 것을 감지한 난방 장치가 스스로 가동을 시작할 수도 있다. 로봇 진공청소기는 아무도 없을 때 스스로 돌아다니면서 집안을 청소한다. 미래에는 로봇 도우미들이 더 많아질 것이다.

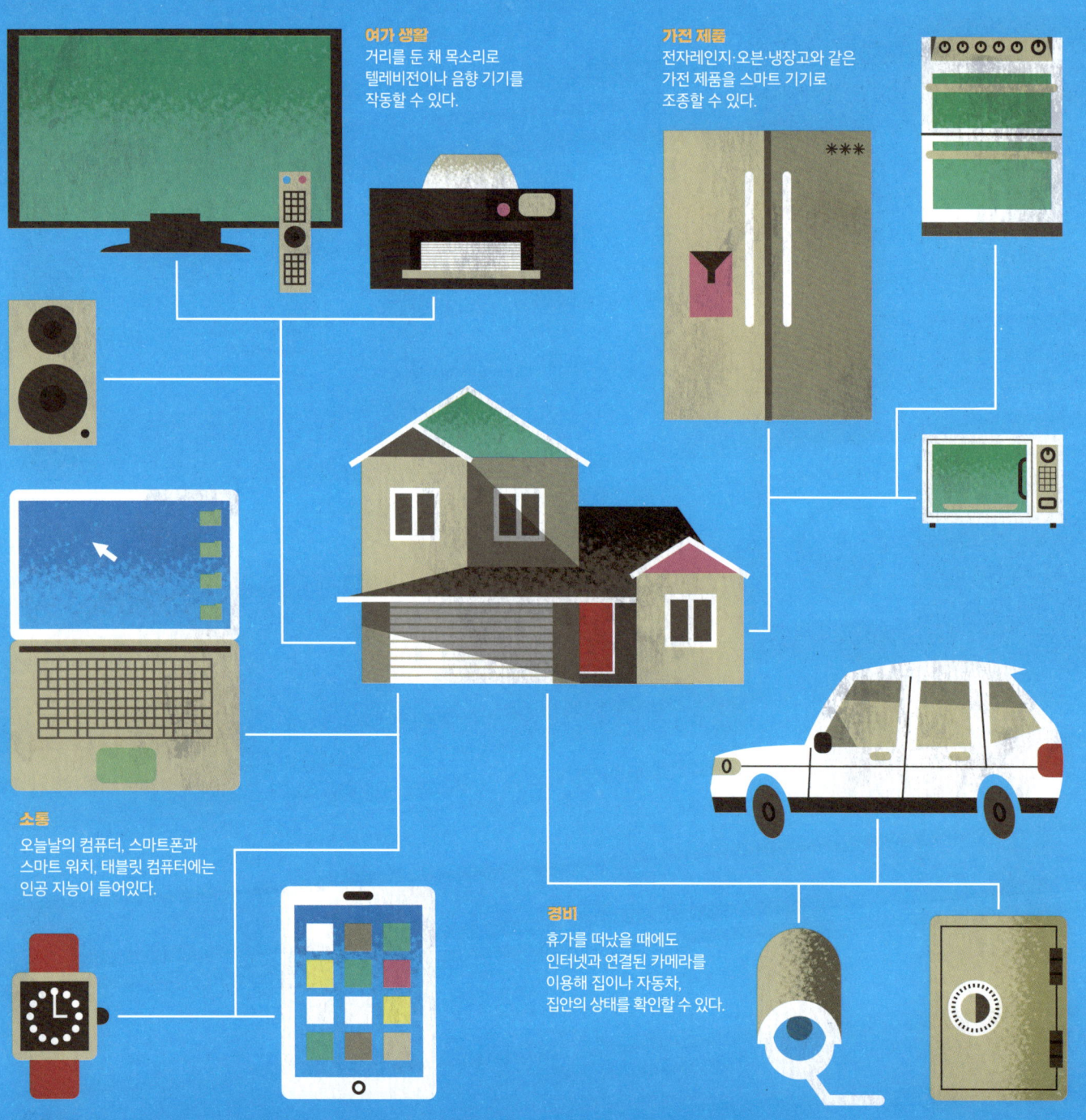

여가 생활
거리를 둔 채 목소리로 텔레비전이나 음향 기기를 작동할 수 있다.

가전 제품
전자레인지·오븐·냉장고와 같은 가전 제품을 스마트 기기로 조종할 수 있다.

소통
오늘날의 컴퓨터, 스마트폰과 스마트 워치, 태블릿 컴퓨터에는 인공 지능이 들어있다.

경비
휴가를 떠났을 때에도 인터넷과 연결된 카메라를 이용해 집이나 자동차, 집안의 상태를 확인할 수 있다.

도움말 주신 전문가: 후잉지에 **함께 보아요:** 지구의 풍요로운 자원, 2권 28~29쪽; 감정, 5권 14~15쪽; 현대의 전투, 8권 16~17쪽; 인터넷, 8권 22~23쪽; 의료 기술, 8권 28~29쪽; 미래의 도시, 8권 46~47쪽

사물 인터넷의 역사

1990년 미국의 한 연구자가 인터넷으로 빵을 뒤집을 수 있는 스마트 토스터를 개발했다.

1999년 '사물 인터넷'이라는 용어가 처음 사용되었다. 우리가 일상에서 쓰는 기계나 장치들을 인터넷에 연결할 수 있다는 개념이었다.

2000년 대한민국의 LG전자에서 최초의 스마트 냉장고를 발명했다.

2008년 지구 위 온라인 기기의 숫자가 인구의 수를 넘어섰다.

2009년 미국 기업 구글이 일반인에게 판매하기 위한 목적으로 자율 주행 자동차를 개발하기 시작했다. 뒤를 이어 자동차 제조업체들이 개발에 착수했다.

2014년 미국 기업 아마존에서 가정용 스마트 스피커인 에코를 출시했는데, 에코는 목소리로 제어하는 인공 지능 비서 알렉사와 연결되어 있었다.

2020년 전 세계 인터넷에 연결된 장치들의 수가 100억 개를 훌쩍 넘어섰다.

얼굴 인식 기능

스마트폰이나 컴퓨터가 사진이나 영상으로 사람을 알아보게 하는 기술이다. 사람의 얼굴에 나타난 특징을 관찰하고 분석해서 그 사람을 찾아낼 수 있는 디지털 기호로 저장하는 것이다. 몇몇 나라의 경찰은 실종된 사람을 찾거나 범죄자들을 추적할 때 거리에 설치된 얼굴 인식 기능 카메라를 활용한다.

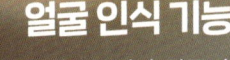

세상을 바꾼 인물

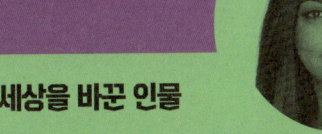

라나 엘 칼리우비
미국의 컴퓨터 과학자, 1978년 출생

이집트계 미국인 컴퓨터 과학자로 인공 지능과 스마트 기술의 개척자이다. 주요 분야는 감성 인공 지능이다. 얼굴을 분석하거나 관찰하여 감정 상태를 인식하는 것으로, 연구를 위해 세계에서 가장 큰 감정 인식 데이터베이스를 구축하고 있다. 라나가 운영하는 회사에서는 지금까지 75개 나라 480만 명의 얼굴 영상을 수집하고 분석했다.

밝혀지지 않은 이야기
로봇도 감정을 느낄 수 있게 될까?

계속해서 지능과 능력이 발달하고 있는 인공 지능이 과연 사람처럼 감정도 느낄 수 있을까? 지금으로서는 전문가들도 이에 대해 확신하지 못하고 있다. 감정을 느끼려면 기계들이 더 사람과 비슷한 생각의 과정과 체계를 가져야 하지만, 이렇게까지 개발하기는 쉽지 않다. 로봇이 바둑이나 체스에서 사람을 이길 수는 있겠지만, 졌다고 해서 스스로 화를 내게 되기까지는 시간이 걸릴 것이다.

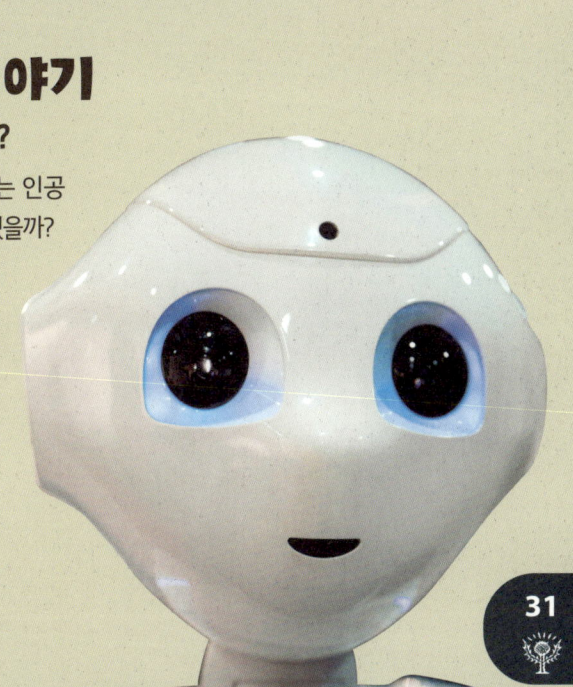

환경 문제

오늘날 세계는 심각한 환경 문제를 마주하고 있다. 대부분 사람의 활동이 지구에 영향을 끼쳐서 발생한 것이다. 도시들은 그 어느 때보다도 빠르게 확장되고 있고, 우리의 활동은 기후 변화를 부추기고 있다. 지구의 평균 기온이 오르고, 비가 오는 계절이 변하며, 폭풍은 더 강력해진다. 2050년까지는 인구가 거의 100억 명까지 늘어날 것으로 예상되므로 지구가 짊어질 부담은 더욱 커질 것이다.

가뭄

기후 변화로 세계의 평균 기온이 오르고 있다. 몇몇 나라에서는 가뭄과 같은 기상 이변이 일어났다. 가뭄은 오랫동안 비가 오지 않아서 물이 부족해진 것을 말한다. 땅이 마르고 식물이 죽게 된다. 물이 없으면 동물과 사람은 생명을 잇기 힘들어진다. 가뭄으로 산불이 일어나기도 한다. 마른 나무와 풀은 쉽게 타기 때문이다. 2019년 말에 오스트레일리아에서는 긴 가뭄 끝에 엄청난 산불이 났다.

탄소 배출

이산화 탄소는 열을 가두어 지구의 온도를 높이는 온실가스이다. 사람의 활동은 이산화 탄소를 많이 배출하는데, 주로 석탄·석유·천연가스와 같은 화석 연료를 태우기 때문이다. 찰스 데이비드 킬링은 1958년부터 매일 지구 대기에 들어 있는 이산화 탄소 농도를 기록한 미국의 과학자이다. 이산화 탄소의 수준이 급격하게 높아지고 있음을 보여 주고 있는 이 그래프를 '킬링 곡선'이라고 한다. 이산화 탄소가 증가했다는 것은 화석 연료의 사용이 증가했다는 것을 뜻한다.

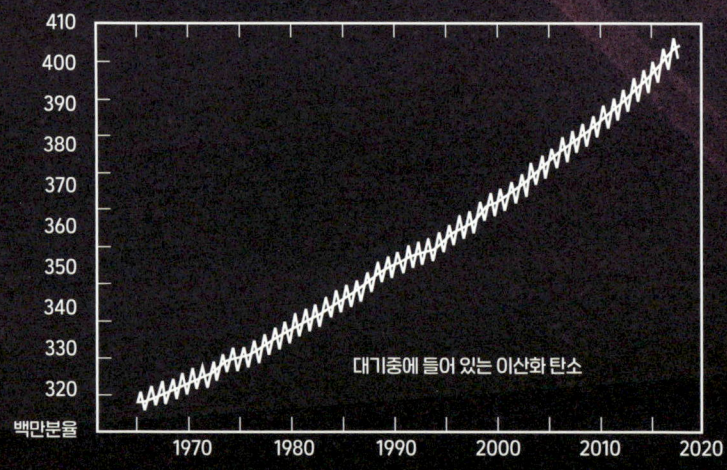

대기중에 들어 있는 이산화 탄소

도움말 주신 전문가: 니콜라스 헨슈 **함께 보아요:** 화석 연료, 2권 34~35쪽; 대기, 2권 40~41쪽; 기후, 2권 46~47쪽; 자연적인 기후 변화, 3권 48~49쪽; 원소, 3권 8~9쪽; 플라스틱, 3권 24~25쪽; 산업 혁명, 7권 28~29쪽

삼림 파괴

대기 속 이산화 탄소의 일부는 저절로 사라지기도 하는데, 이산화 탄소를 흡수하고 산소를 내보내는 식물들 덕분이다. 숲에서 나무를 베어내어 삼림을 파괴하면 기후 변화를 막을 수 있는 자연적인 방어력을 잃는 것과 같다.

페루 강물 위의 떠 있는 이 운반선에는 불법으로 베어낸 나무들이 실려 있다.

메탄가스 방출

온실가스에 이산화 탄소만 있는 것은 아니다. 메탄가스도 온실가스인데, 농장의 가축, 쓰레기 매립장, 공장의 폐수, 썩어가는 식물에서 방출되고, 항상 얼어 있었던 추운 지역의 땅이 녹을 때에도 발생한다. 석유와 같은 화석 연료에서도 메탄가스가 솟아오른다. 메탄가스는 대기에 오래 머무르는 편은 아니지만, 이산화 탄소보다 대기의 열을 훨씬 더 많이 가둔다. 어쨌든 둘 다 지구의 온도를 높인다.

화학 쓰레기

오염의 위험에 빠진 것은 대기뿐이 아니다. 광산에서 광물을 캐내는 동안 사람과 동물에게 해로운 화학 물질이 흘러나와 강물이나 저수지로 흘러들 수도 있다. 캐낸 광물을 고르는 과정에서 황산을 배출하는 광산도 있다. 황산이 강물을 따라 수돗물을 만드는 정수장에 들어가면 마실 수 없는 위험한 물이 된다.

스페인 남부에 있는 리오틴토 구리 광산에서 나온 화학 쓰레기로 물이 붉게 물들어 있다.

사막화의 원인들

기후 변화, 사람과 동물의 활동으로 물이 부족하고 식물이 자라지 않아 맨땅이 드러나는 현상을 '사막화'라고 한다. 전 세계에서 발생하고 있는 사막화의 원인을 짚어본다.

1. 기후 변화 지구의 평균 기온이 올라가면서 비가 내리던 계절과 법칙에 변화가 일어나 어떤 지역에는 비가 덜 오게 된다.

2. 나무 베어내기 연료로 쓰기 위해 나무를 베어버리면, 나무뿌리가 지탱하고 있던 기름진 흙이 빗물에 쓸려 내려가 모래땅이 드러나면서 새로운 식물이 자라기가 힘들어진다.

3. 지나친 경작 한 곳에서 작물을 너무 많이 기르면 흙에서 영양분이 빠져나가기 때문에 새 식물들이 자라기 힘들어진다. 농부들이 기름진 다른 땅을 찾아 나서면, 버려진 땅은 황폐해지게 된다.

4. 동물들의 먹잇감 다시 자랄 틈도 없이 많은 동물들이 풀을 너무 많이 뜯어 먹을 때가 있다. 풀이 자라지 않은 땅에 바람이 불고 비가 내리면 흙이 날아가고 거친 땅만 남게 된다.

5. 인구 증가 사막 주변 지역에 사는 사람들이 늘어나면 물도 더 많이 필요해진다. 물이 더 부족해진 사막 주변도 오래지 않아 사막으로 바뀐다.

쓰레기

인간은 쓰레기를 많이 만든다. 재활용되는 것도 있지만 태우거나 쓰레기 매립장의 땅속에 묻는 것이 대부분이다. 재활용될 수 있는 물질의 수는 늘어나고 있으나, 지역마다 있는 재활용 규칙과 상품 포장에 있는 분류법을 잘 따라야 한다. 그렇지 않으면 재활용할 수 없는 것들과 섞여 결국 매립장으로 가게 되기 때문이다.

대량 멸종

짧은 기간 동안 많은 생물 종이 사라지는 것을 대량 멸종이라고 한다. 지구가 생긴 이래 5번의 대량 멸종이 있었다. 그때마다 지구에 살던 많은 생물이 사라졌다. 이제 우리가 6번째 대량 멸종을 앞두고 있다고 예측하는 과학자들이 많다. 인간의 활동과 기후 변화가 아마 중요한 원인 가운데 하나일 것이다. 과학자들은 6번째 멸종이 지난 수백만 년 동안 진행되었던 것보다 1000배 더 빨리 일어나고 있다고 본다.

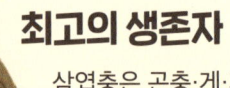

최고의 생존자

삼엽충은 곤충·게·거미와 친척인 바다생물이다. 약 5억 2500만 년 전에 나타났는데, 당시에는 지구에서 가장 발달한 생명체였다. 삼엽충의 크기는 아주 작은 것에서부터 45센티미터에 이르는 것까지 다양했고, 큰 것의 무게는 4.5킬로그램이나 나갔다. 고대 동물 가운데 가장 번성했지만 페름기 대량 멸종 때 사라졌고, 지금은 화석만 남았다.

대량 멸종의 역사

4억 4400만 년 전, 오르도비스기
심각한 빙하기로 지구가 급속하게 식었고, 해수면이 내려가 생물 종의 85퍼센트가 사라졌다.

4억 900만~3억 5900만 년 전, 데본기 급속한 기후 변화, 혜성의 충돌, 흙의 영양분 고갈, 바닷물의 산소 부족과 같은 여러 가지 이유로 동물 종의 약 4분의 3이 죽었다.

2억 6500만~2억 5200만 년 전, 페름기 해양 생물의 95퍼센트와 육지 동물의 70퍼센트가 사라진, 지구에서 가장 치명적인 멸종 사건이었다. 바닷물 온도가 상승하고 거대한 화산 폭발로 햇빛이 차단되어 식물이 죽는 것이 원인이었다.

2억 100만 년 전, 트라이아스기 말기
지구의 생물 종 76퍼센트가 멸종했는데, 기후 변화와 거대한 화산 폭발 때문이었던 것 같다.

6600만 년 전, 백악기 제3기
유성 또는 혜성의 지구 충돌과 같은 사건이 계속 일어나서 공룡이 모두 사라졌다.

캘리포니아 콘도르

멸종될 위험성이 높은 생물들의 개체수를 늘리기 위해 노력하는 사람들도 있다. 몇몇 나라에서는 멸종 위기종 복원 사업을 벌여 멸종할 위험이 있는 동물을 사로잡아 번식시켜서 야생으로 돌려보낸다. 미국에서는 캘리포니아 콘도르의 개체수를 늘리는 데 성공한 적이 있다. 1980년대에 22마리이던 것이 오늘날에는 500마리로 늘어났다. 대한민국·중국·일본에서는 멸종에 가까웠던 따오기의 복원 사업을 진행해서 수백 마리까지 늘리는 데 성공했다.

도움말 주신 전문가: 존 래퍼티 **함께 보아요:** 화석, 3권 30~33쪽; 기후, 2권 46~47쪽; 자연적인 기후 변화, 3권 48~49쪽; 곤충, 4권 18~19쪽; 생태계, 4권 20~21쪽; 우림, 4권 22~23쪽; 얼음이 녹고 있다, 4권 44~45쪽; 멸종 위기에 놓인 동물들, 8권 36~37쪽

멸종의 책임

몇몇 멸종은 인간들의 책임이 아주 크다. 예를 들어 아프리카에 살던 북부흰코뿔소의 경우, 사람들이 비싸게 팔리는 뿔을 자르기 위해 너무 많이 사냥한 데다가 서식지를 사람들이 차지해서 농사를 짓고 건물을 지었다. 북부흰코뿔소는 이제 암컷 2마리만 남아 있다.

흰코뿔소는 주로 뿔 때문에 밀렵의 대상이 된다. 코뿔소의 뿔은 아시아의 몇몇 나라에서 불법적으로 거래되어 전통 약재로 쓰인다.

밝혀지지 않은 이야기

우리는 6번째 대량 멸종을 겪게 될까?

여러 생물 종이 그 어느 때보다도 빠르게 사라지고 있어서, 과학자들은 인간이 스스로 불러온 6번째 대량 멸종이 일어나고 있다고 주장한다. 6번째 대량 멸종을 '홀로세의 멸종'이라고 하는데, '홀로세'는 1만 년 전부터 지금까지의 시대를 말한다. 멸종은 지난 수백~수천 년 동안 내내 이어져 왔지만, 이 흐름을 되돌릴 시간은 아직 남아 있다. 하지만 늦기 전에 행동으로 옮겨야 한다.

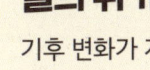

벌의 위기

기후 변화가 계속되어 지구가 더워지면서 여러 동물이 영향을 받고 있다. 특히 벌은 무더위와 힘겹게 싸우고 있다. 전 세계 꽃 피는 식물의 90퍼센트가 벌과 같은 꽃가루 매개자의 도움에 의해 열매를 맺기 때문에, 우리 자신의 생존을 위해서라도 벌이 계속 살아갈 수 있도록 하는 것은 매우 중요하다.

멸종 위기에 놓인 동물들

어떤 종이 멸종할 위험성이 매우 높을 때 '멸종 위기에 놓였다'고 표현한다. 서식지를 파괴하는 기후 변화와 인간의 활동이 멸종을 일으키는 주범이다. 오늘날 세계의 1만 6000종이 넘는 동물과 식물이 멸종 위기에 놓여 있으며, 특히 몇몇 동물들은 아주 심각한 멸종 위기에 놓여 있다. 멸종 위기 동물이 얼마나 남았는지 야생에서 정확하게 확인하기는 어렵지만, 어림잡은 숫자만 보아도 얼마나 큰 위험에 놓여 있는지 알 수 있다.

1. **나사뿔영양** 지나친 사냥으로 줄어들어 아프리카 사하라 사막에 100마리가 안 되게 남아 있다.
2. **아드리아해 철갑상어** 유럽 이탈리아 동쪽 아드리아해와 이탈리아 포강에 250마리가 안 되는 개체가 서식한다.
3. **아무르표범** 이 희귀한 표범은 아시아의 동쪽 끝 러시아와 중국에 살고 있다. 다 자란 아무르표범의 숫자는 60마리가 안 되는 것으로 알려져 있다.
4. **양쯔강악어** 중국의 양쯔강 유역에 사는 이 작은 악어는 서식지 파괴, 오염, 무분별한 사냥 등으로 멸종 위기에 놓였다. 86~150마리 정도 남은 것으로 추정한다.
5. **크로스강고릴라** 숲속 서식지가 목재 벌목과 농업 때문에 사라지고 있으며, 나이지리아와 카메룬에 250~300마리 정도 남아 있다.
6. **자이언트아이비스** 몸길이 1미터에 이르는 큰 새로, 사냥으로 개체가 줄었고, 인간의 활동 때문에 습지에 있는 서식지가 위협을 받고 있다. 캄보디아 국립 조류 보호 구역에 겨우 100쌍이 안 되는 개체가 남아 있다.
7. **카카포** 오랫동안 천적이 없어서 나는 법을 잊어버린 뉴질랜드의 커다란 앵무새로 90살까지 살 수 있다. 사람을 따라 들어온 고양이와 족제비에게 잡혀서 멸종 위기에 몰려 지금은 211마리만 남아 있다.
8. **말레이호랑이** 강력한 포식자이지만 약효가 있다고 믿는 사람들 때문에 멸종의 위기에 놓였다. 말레이시아의 열대 숲에 250마리보다 적은 개체가 남아 있다.
9. **북방긴수염고래** 20세기 초부터 포획이 금지되었지만 물고기 잡는 그물에 얽혀 죽는 경우가 많다. 과학자들은 300~400마리가 남아 있을 것으로 추정한다.
10. **파나마 금개구리** 독이 있는 이 개구리는 질병으로 많은 개체가 사라져서 2009년 이후 야생에서는 더 이상 발견되지 않았다.
11. **사올라** 영양처럼 생긴 희귀한 포유동물로 베트남과 라오스에서만 볼 수 있으며 개체 수는 100마리 이하일 것으로 추정된다.
12. **수마트라코뿔소** 숲 서식지가 사라지고 있는 것이 가장 큰 위협으로, 남아 있는 개체는 80마리가 안 된다. 말레이시아에서는 마지막 남았던 암컷 1마리가 2019년에 죽었다.
13. **바키타돌고래** 눈가에 검은 점이 있어 바다의 판다라고 불리는 귀여운 포유동물로, 미국 캘리포니아 만에 10마리도 안 되게 남아 있다. 복원 사업이 성공하지 않으면 멸종될 것이다.
14. **양쯔강상괭이** 유일하게 민물에서 서식하는 돌고래로 중국 양쯔강에 산다. 물고기 잡는 그물에 얽혀 죽는 경우가 많다. 남은 개체는 1000마리도 안 된다.

위기의 오랑우탄

보르네오오랑우탄은 남동아시아의 보르네오섬에 산다. 불법 사냥꾼들 때문에 지난 60년 동안 개체수가 절반으로 줄었고, 나무를 베어내는 바람에 서식지인 숲이 파괴되어 2016년부터 심각한 멸종 위기에 놓였다. 특히 북서보르네오오랑우탄이 가장 위험한 상황이다.

도움말 주신 전문가: 조엘 사토레 함께 보아요: 자연적인 기후 변화, 3권 48~49쪽; 우림, 4권 22~23쪽; 타이가와 온대림, 4권 24~25쪽; 에베레스트산, 4권 28~29쪽; 얼음이 녹고 있다, 4권 44~45쪽; 환경 문제, 8권 32~33쪽; 대량 멸종, 8권 34~35쪽

오랑우탄은 8년 정도에 한 번씩 새끼를 낳기 때문에 개체수가 회복되려면 시간이 오래 걸린다.

전 세계에 남아 있는 보르네오오랑우탄은 약 10만 5000마리 정도일 것이라고 추정된다.

기후 변화의 결과

석유나 석탄 같은 화석 연료를 태우면 아주 많은 온실가스가 대기로 퍼져나간다. 연료를 많이 태울수록 온실가스는 더 짙어져서 태양에서 받는 열을 지구 표면에 가두게 된다. 오늘날 지구의 대기에 포함되어 있는 온실가스의 양은 지난 80만 년 가운데 그 어느 때보다도 많다. 이런 상황을 '지구 온난화'라고 한다.

북극해

북아메리카

태평양

남아메리카

세계적인 영향

기후 변화 때문에 일어난 일들이 지도에 표시되어 있다. 기후 변화는 계단을 오르는 것처럼 진행되며, 지구는 시간이 지날수록 더워진다. 북극이나 남극, 높은 산에 있는 하얀색 눈과 얼음은 지구의 표면에 내리쬐는 햇빛을 반사한다. 지구 온난화로 눈이나 얼음이 녹으면 맨땅이 드러나고, 짙은 색이 햇빛을 받아들여 온도가 더 올라간다. 온도가 올라가면 숲에 불이 더 많이 나게 되고, 불이 나면 온실가스인 이산화 탄소가 발생해 대기로 더 많이 들어가서 열을 더 가두게 된다.

 빙상이 녹는다
빙상이 녹으면 바닷물의 높이가 올라가고 홍수가 일어난다.

 산불이 일어난다
기온이 오르고 비가 부족하면 숲에 불이 더 많이 난다.

 빙하가 녹는다
북극해의 빙하가 녹으면 바닷물의 높이가 올라간다.

 **대서양의 순환이 느려진다**
1950년대 이후 대서양 해류의 흐름이 느려졌다. 과학자들은 이로 인해 어떤 결과가 일어날지는 모르고 있다.

 폭풍이 잦아진다
지구 온난화가 진행되면서 태풍이나 허리케인과 같은 맹렬한 폭풍도 자주 발생한다.

 가뭄이 일어난다
기온이 높아지면 가뭄이 일어난다.

 영구 동토층이 녹는다
늘 얼어 있었던 땅이 녹으면 이산화 탄소와 메탄가스가 대기로 방출된다.

 산호가 죽는다
바닷물이 더워지고 산성이 강해지면 산호가 죽는다.

기온과 해수면의 상승

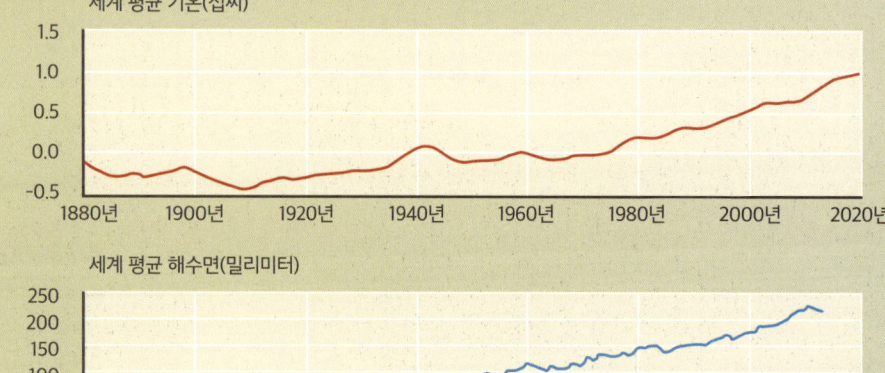

해수면의 상승

지구의 기온이 올라가면서 북극과 남극의 얼음이 녹기 시작했고, 바닷물의 높이도 올라가기 시작했다. 세계의 평균 기온은 1850년 이후 지금까지 1도가 올라갔는데, 과학자들은 앞으로 0.5도가 더 올라가면 큰 재해가 일어나는 지역도 나타날 것이라고 생각하고 있다. 바닷물의 높이가 올라가면서 해안 지역 낮은 땅에 세워진 도시들은 모두 물에 잠길 수도 있다. 태국의 수도 방콕은 타이만의 바닷물 높이가 올라가면서 이미 위험해진 상태이다.

도움말 주신 전문가: 제세 쿠리아코세 **함께 보아요:** 태양, 1권 26~27쪽; 지구의 얼음, 2권 38~39쪽; 대기, 2권 40~41쪽; 날씨, 2권 42~43쪽; 거대한 폭풍, 2권 44~45쪽; 기후, 2권 46~47쪽; 자연적인 기후 변화, 2권 48~49쪽; 고체, 액체, 기체, 3권 16~17쪽

기후 변화가 지구의 생물에 미치는 영향

기후 변화는 사람·식물·동물에 짧고 길게 해로운 영향을 미친다.

1. 홍수 비가 많이 내리고 바닷물이 높아지면 물이 넘쳐서 홍수가 일어난다. 홍수는 야생 동물 서식지, 건물과 도로, 철도와 같은 교통 시설, 발전소나 통신 시설과 같은 사회 기반 시설을 파괴한다.
이동이 어려워지고 사람들이 목숨을 잃는 경우도 생긴다.

2. 기상 이변 나쁜 날씨로 가뭄이나 홍수가 일어나면 작물이 제대로 자라지 못한다. 식량이 부족하면 여러 곳에서 굶주림에 시달리게 될 것이다.

3. 폭염 엄청난 더위를 '폭염'이라고 한다. 폭염이 오면 도로나 건물과 같은 사회 기반 시설이 손상을 입는다. 사람들은 열사병이나 호흡 곤란, 심장 이상과 같은 건강 문제를 겪게 된다. 폭염으로 산불이 일어날 수도 있다.

4. 가뭄 가뭄은 식량 생산에 영향을 주어 나라와 지역에 따라 식량 부족으로 많은 사람이 굶주릴 수 있다.

동물들도 고통을 겪는다. 2019년 오스트레일리아에서 일어난 산불로 코알라의 먹잇감인 유칼립투스 나무가 많이 불타버렸다.

5. 집단 이주 기상 이변이 일어나 살던 곳이 물에 잠기거나 가뭄으로 물을 구하지 못하면, 안전하게 머무를 수 있고 먹을 것이 충분한 다른 곳으로 옮겨 살아야 한다.

기후 시위

2019년 세계 주요 도시에서 '멸종 저항' 지지자들을 비롯한 수백만 명이 기후 변화에 대응하는 정부 방식에 대해 항의 시위를 벌였다. '멸종 저항'은 영국에서 시작한 환경 보호 운동으로, 세계 여러 나라의 정부에게 여러 생물 종의 대량 멸종을 방지하기 위해 2025년까지 온실가스 배출량을 0으로 줄일 수 있는 조치를 즉시 시행하라고 요구했다.

기후 변화를 멈춰라

기후 변화가 지구에 사는 많은 생명체에 해를 끼치고 있고, 우리 인간이 기후 변화를 일으키는 큰 원인이라는 것을 알게 되었다. 이 기후 변화를 멈추려면 어떻게 해야 할까? 2015년, 환경을 보호하기 위한 국제 협정이 파리에서 합의되었고, 곧 모든 나라에서 파리 협정을 채택했다. 온실가스 방출을 줄여서 지구의 기온이 더 이상 오르지 않도록 하겠다고 합의했지만, 큰 진전은 보이지 않았다. 이제는 많은 사람들이 생태계와 여러 생물 종, 그리고 우리 모두의 미래에 다가올 피해를 최소화하기 위해서, 더 서둘러서 적극적으로 행동해야 한다고 주장하고 있다.

- 온실가스를 덜 배출하는 제조 공정을 이용하기
- 풍력이나 태양열 발전 같은 재생 가능한 에너지로 바꾸기
- 좀 더 채식 위주의 식단으로 바꾸고 야생 지역을 복원하기
- 전기차와 자전거로 바꾸거나 대중교통 이용하기
- 에너지를 효율적으로 사용하면서 생활하기

안전선 지키기

과학자들은 지구 온난화가 계속 진행되어 2도 더 올라간다면 생태계, 사람의 건강과 일상 생활, 음식과 물의 안전, 사회 기반 시설이 심각하게 피해를 입을 것이라고 경고한다. 더 안전한 한도는 1.5도 이하일 것이다. 이 안전선을 지키기 위해서는 정부·기업·개인들 모두가 행동에 옮겨야 한다.

도움말 주신 전문가: 제세 쿠리아코세 함께 보아요: 화석 연료, 2권 34~35쪽; 플라스틱, 3권 24~25쪽; 에너지, 3권 28~29쪽; 산호의 위기, 4권 36~37쪽; 먼바다, 4권 38~39쪽; 얼음이 녹고 있다, 4권 44~45쪽; 환경 문제, 8권 32~33쪽

슬기로운 패션 생활

'패스트 패션'은 환경에 나쁘다. 유행에 따라 금방 새 옷으로 바꿔 입는 사람들을 위해 옷을 빨리, 싸게, 많이 만드는 것을 '패스트 패션'이라고 한다. 의류 제조업에서 전 세계 온실가스 배출량의 10분의 1을 배출한다. 온실가스는 대기의 열을 가두어 기후 변화를 일으킨다. 면 티셔츠 한 장을 만들 때 나오는 온실가스의 양은 자동차 한 대가 56킬로미터를 달릴 때 나오는 것과 같다. 티셔츠 100만 장을 만든다면 얼마나 많은 온실가스가 나올까? 지구를 위해서라면, 새 옷은 덜 사고 헌 옷은 재활용하며 중고 의류를 사 입는 것이 좋을 것이다.

밝혀지지 않은 이야기

지구 공학에 해답이 있을까?

지구 공학은 기후 변화를 줄이기 위해 지구의 자연계를 대규모로 조정하는 것이다. 이론적으로는, 우주 반사경을 이용해 지구로 오는 햇빛을 반사하여 지구 온난화를 줄이는 것도 한 방법이다. 하지만 실제로 반사경을 만들어 올리는 것이 쉽지 않고, 이런 방식으로 지구의 대기를 바꾸었을 때 예상하지 못한 다른 문제가 생겨날 수도 있다. 과학자들 대부분은 온실가스 배출을 줄이는 것이 더 좋은 방법이라고 생각한다.

세상을 바꾼 인물

그레타 툰베리
스웨덴의 환경 운동가, 2003년 출생

그레타 툰베리는 역사상 가장 영향력 있는 환경 운동가의 한 사람이다. 환경 보호 운동을 통해서 '기후 변화'를 2019년에 가장 많이 논의되는 화제로 만들었고, 그때부터 전 세계의 학생들에게 지구 온난화 방지 시위를 하도록 격려하고 있다. 국제 연합과 세계 경제 포럼에서 기후 변화에 대한 설득력 있는 연설을 했다.

우리가 할 수 있는 일들

온실가스 배출을 줄이고 기후 변화를 늦추기 위해 우리가 할 수 있는 일들이 있다.

1. 물건 덜 사기 제품을 생산하는 과정에서 온실가스를 배출하게 된다. 우리가 더 재활용하고 재사용하면 온실가스 배출을 그만큼 더 줄일 수 있다.

2. 자동차 없이 지내기 승용차를 타는 대신 대중 교통을 이용하고, 가까운 곳은 걷거나 자전거를 탄다.

3. 텔레비전과 컴퓨터 끄기 전자 제품들은 절전 상태일 때에도, 리모콘을 사용할 때에도 전기를 쓴다. 전자 제품을 사용하지 않을 때에는 플러그를 뽑는다.

4. 고기 덜 먹기 소와 양은 엄청난 양의 온실가스를 배출한다. 채식 위주의 음식과 친해지자.

5. 난방기 온도 낮추기 겨울철 난방기는 온도를 낮추고, 여름철 냉방기는 온도를 높여서 에너지를 아낀다. 에너지를 덜 쓰면 온실가스를 덜 배출할 수 있다.

6. 비행기 덜 타기 비행기는 이산화 탄소를 많이 배출한다. 어른들에게 다른 형태의 교통수단을 이용하자고 한다.

원자력

원자력은 쓸모 있고 깨끗한 에너지이지만 논란이 되는 경우가 많다. 원자력 발전소에서는 방사성 물질을 원료로 사용하는데, 매우 주의 깊게 감시하고 제어해야 하는 물질이다. 사고가 발생하면 방사능이 유출되어 사람과 환경에 심각한 피해를 끼친다. 드물긴 하지만 사고가 일어난 적도 있다. 원자력은 세계 에너지의 10퍼센트를 차지한다.

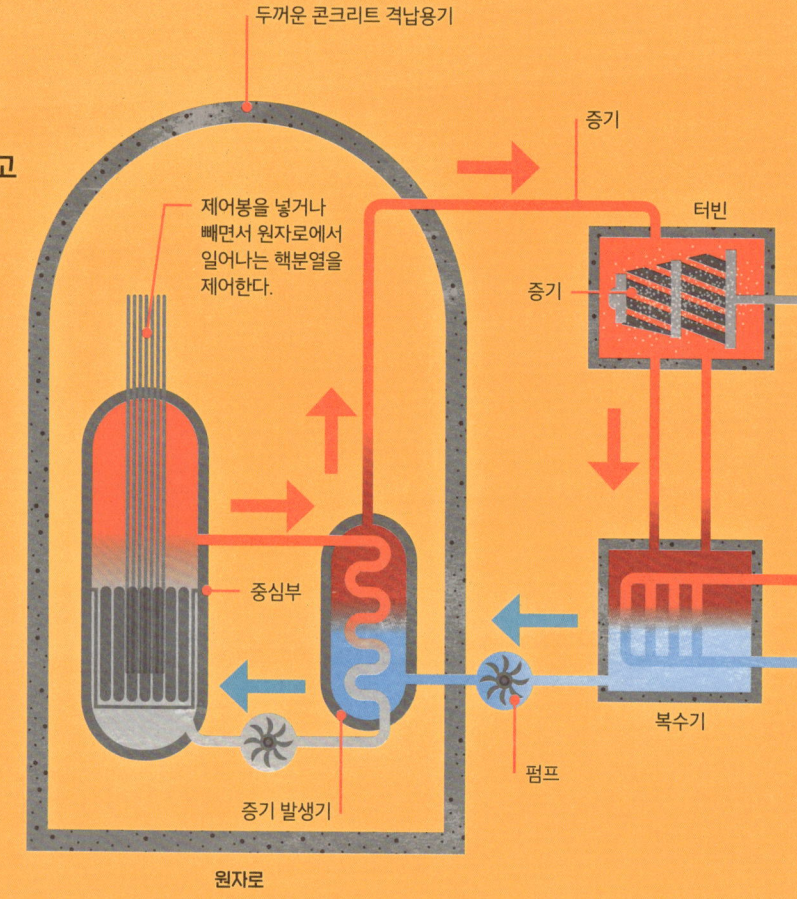

원자력은 어떻게 작동할까?

원자력은 물을 끓여 만든 수증기로 전기를 생산한다. 수증기는 발전기와 연결된 증기 터빈의 큰 바퀴를 돌려서 전기를 만들어낸다. 물을 끓일 때에는 방사성 물질인 우라늄 원자의 핵이 연쇄적으로 분열할 때 발생하는 열을 이용한다. 핵분열은 원자로의 중심부에서 일어나는데, 제어봉으로 핵분열을 제어하여 과열을 방지한다. 화석 연료를 사용하지 않기 때문에 원자력에서는 환경에 해로운 온실가스가 배출되지 않는다.

핵분열과 핵융합

원자력은 핵분열과 핵융합이라는 과정을 통해 만들어진다. 원자력 발전소는 핵분열을 이용하는데, 핵분열이란 원자의 핵을 쪼개는 것이다. 핵융합은 원자의 핵을 결합하는 것으로, 성공하기가 더 어렵지만, 위험한 원자력 폐기물이 발생하지 않는다는 장점이 있다. 핵융합은 태양과 같은 별들의 핵에서 자연적으로 일어나는 현상이다. 오늘날 과학자들은 세계 최초의 핵융합실험로를 건설하고 있다.

거대한 냉각탑은 원자로에서 남는 열을 방출한다. 냉각탑에서 나오는 흰 연기는 사실 끓는 물에서 나온 수증기이다.

도움말 주신 전문가: 마이클 마우엘 **함께 보아요:** 별, 1권 12~13쪽; 태양, 1권 26~27쪽; 원자, 3권 6~7쪽; 원소, 3권 8~9쪽; 방사능, 3권 10~11쪽; 고체, 액체, 기체, 3권 16~17쪽

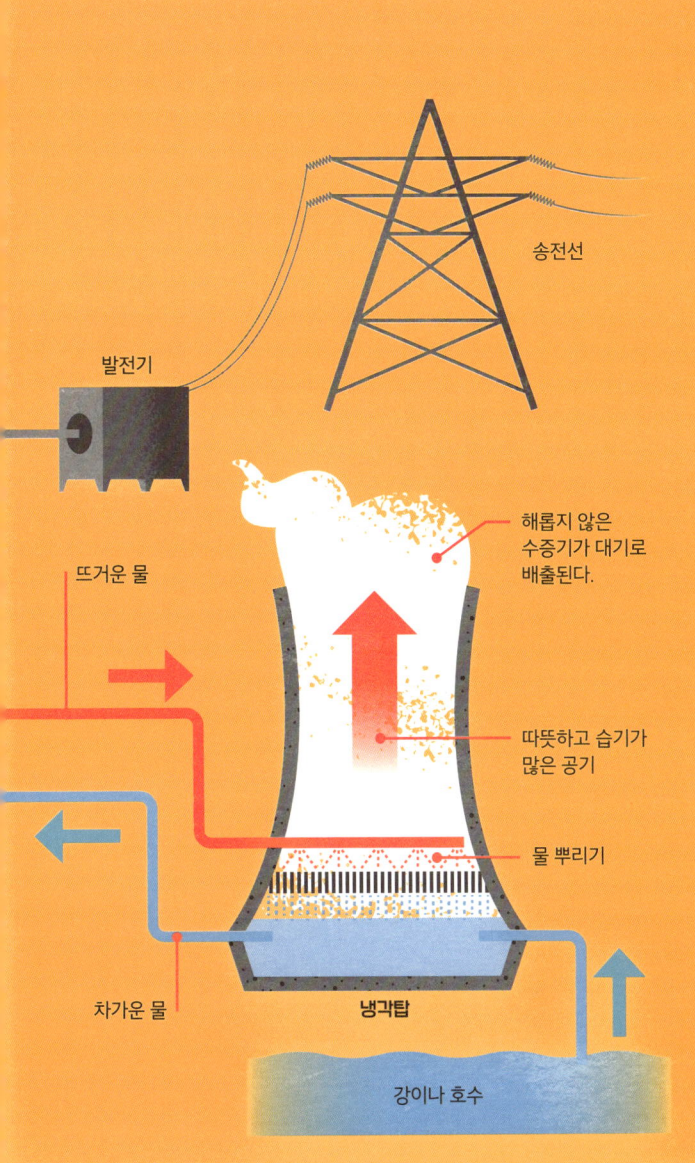

송전선
발전기
뜨거운 물
해롭지 않은 수증기가 대기로 배출된다.
따뜻하고 습기가 많은 공기
물 뿌리기
차가운 물
냉각탑
강이나 호수

5 방사선의 일부 영향은 후쿠시마에서 아주 멀리 떨어진 곳에서도 감지되었다.
4 방사능이 퍼지면서 30킬로미터 이내에 사는 많은 사람이 대피해야 했다.
1 2011년 3월, 일본 근처 바다에서 지진이 일어나 거대한 지진 해일이 발생했다.
2 후쿠시마 원자력 발전소의 원자로에서 방사능이 누출되었다.
3 발전소에서 3킬로미터 이내에 사는 사람들은 즉시 대피했다.

원자력 재해

2011년 3월, 지진과 지진 해일이 일본을 강타했다. 일본 동북부 바닷가에 있는 후쿠시마 제1 원자력 발전소에 사고가 일어났다. 지진 해일로 냉각수 펌프에 전력이 공급되지 않아 과열된 원자로가 폭발하면서 원자력 연료와 함께 방사능이 누출되었다. 발전소 근처에 살던 사람들 10여만 명이 고향을 떠났으며, 일부가 2017년에 돌아왔다. 발전소는 30~40년이 지나 누출된 방사능이 줄어들면 철거를 하게 될 것이다.

우주의 원자력 발전

화성에서 살고 싶거나, 아주 먼 우주로 여행을 하고 싶다면 오래 가는 에너지원이 있어야 할 것이다. 원자력이 그 답이 될 수도 있다. 상대적으로 적은 연료로 많은 에너지를 낼 수 있기 때문이다. 미국 항공 우주국에서는 '킬로파워'라는 이름의 초소형 원자로를 개발했는데, 언젠가는 화성에 건설된 인간 거주지에 에너지를 공급할 수 있을 것이다. 미래에는 먼 거리를 비행하는 우주선들이 원자력을 동력으로 삼게 될 것이다.

원자력 쇄빙선

러시아의 아르크티카호는 북극으로 가는 바닷길에 덮인 두꺼운 얼음을 부수면서 앞으로 나아가는 쇄빙선이다. 아르크티카호는 원자력으로 작동하기 때문에 북극으로 가는 긴 여정 동안 연료가 떨어지지 않는다. 장착된 원자로에서 필요한 동력을 만들어내기 때문이다. 원자력은 잠수함이나 우주선과 같은 다른 수송 수단에도 유용한 동력 공급 방법이다.

풍력 발전소

풍력 발전소에서는 풍차 날개가 회전하면서 발전기가 작동되어 전기를 생산한다. 2001년, 당시 세상에서 제일 큰 규모였던 덴마크 연안의 풍력 발전소가 문을 열었다. 바람이 많이 부는 철에는 한 달에 6000메가와트가 넘는 전기를 생산한다. 이 발전소의 풍차 20개는 덴마크의 수도 코펜하겐에서 사용하는 에너지의 3퍼센트를 생산한다.

재생 가능 에너지

화석 연료에서 나오는 에너지와 달리, 재생 가능 에너지는 바닥날 우려가 거의 없는 에너지원인 태양과 바람, 강과 바다, 그리고 바이오매스에서 나온다. 바이오매스는 모든 생물 유기체를 말하는데, 바이오매스에서 얻는 에너지는 화석 연료 에너지에 비하면 매우 깨끗하다.

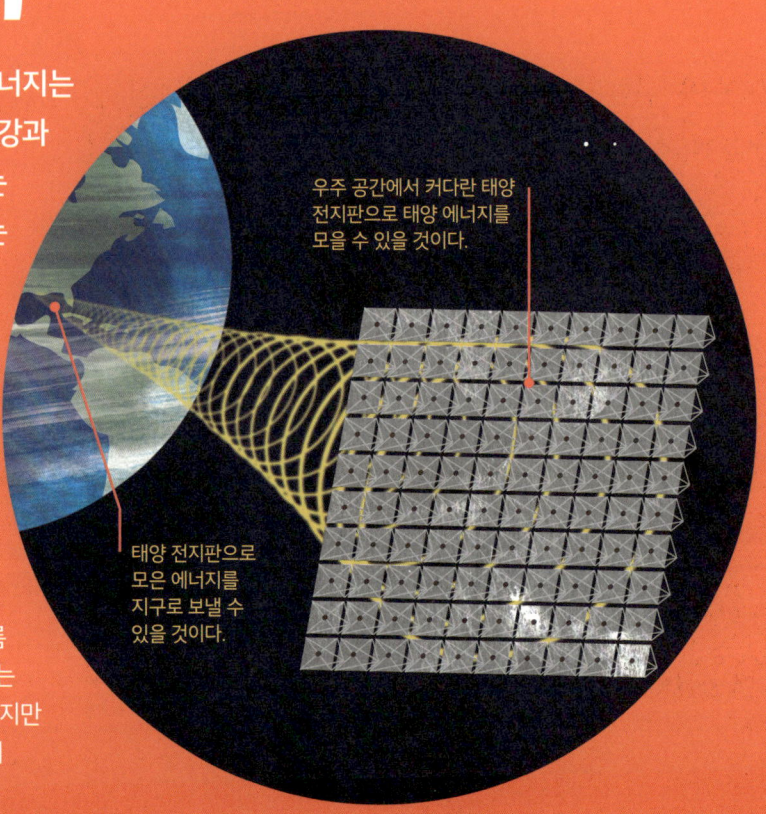

우주 공간에서 커다란 태양 전지판으로 태양 에너지를 모을 수 있을 것이다.

태양 전지판으로 모은 에너지를 지구로 보낼 수 있을 것이다.

밝혀지지 않은 이야기
우주에 태양광 발전소를 세울 수 있을까?

태양 전지판을 우주에 설치할 수 있다면 지구에 있는 것보다 훨씬 효과적으로 전기를 만들 수 있을 것이다. 태양 빛이 구름이나 밤낮의 영향을 받지 않을 것이기 때문이다. 이론상으로는 태양 에너지를 우주에서 모아 지구로 보낼 수 있을 것이다. 하지만 아직까지는 에너지를 지구로 보낼 효율적인 방법이 나타나지 않았다.

도움말 주신 전문가: 제세 쿠리아코세 **함께 보아요:** 우주 속의 지구, 2권 8~9쪽; 화석 연료, 2권 34~35쪽; 에너지, 3권 28~29쪽; 중력, 3권 40~41쪽; 생물의 분류, 4권 10~11쪽; 지구의 불빛, 8권 14~15쪽; 환경 문제, 8권 32~33쪽

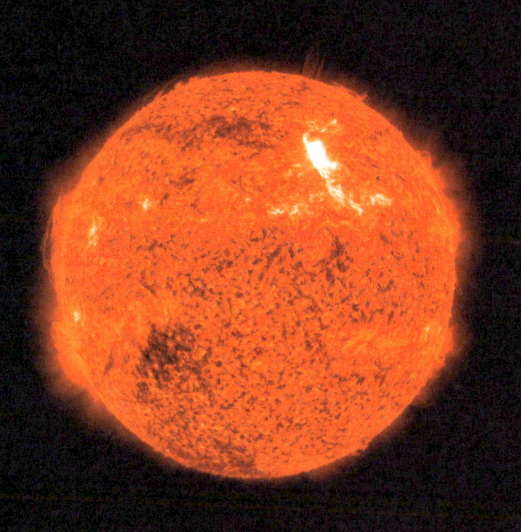

사실은!

태양이 1초에 생산하는 에너지가 인류 역사 전체를 통틀어 소비한 에너지보다 **많다.** 적절하게 이용한다면, 태양에는 미래에 필요한 에너지를 모두 충족시킬 수 있는 잠재력이 있다. 앞으로는 태양 에너지를 훨씬 더 폭넓게 이용할 수 있을 것이다. 태양 에너지는 고갈되지도 않고, 오염도 일으키지 않을 것이다.

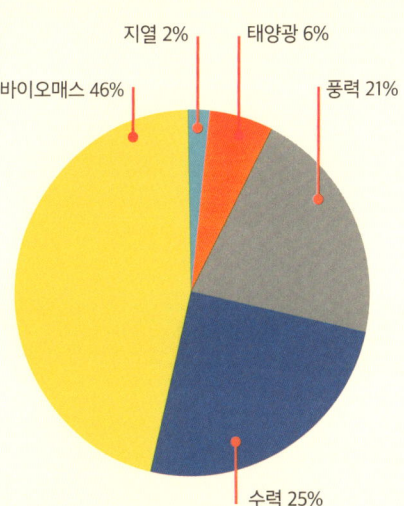

바이오매스 46% 지열 2% 태양광 6% 풍력 21% 수력 25%

밀물과 썰물의 힘

바다에는 밀물과 썰물이 있다. 밀물과 썰물의 힘도 에너지를 생산하는 데 이용할 수 있다. 밀물이 들어오는 힘과 썰물이 빠져 나갈 때의 힘으로 바닷물 속 터빈을 움직이면 우리가 쓸 수 있는 깨끗한 전기가 생산된다. 밀물과 썰물의 힘을 '조력'이라고 하고, 조력으로 전기를 생산하는 곳을 '조력 발전소'라고 한다.

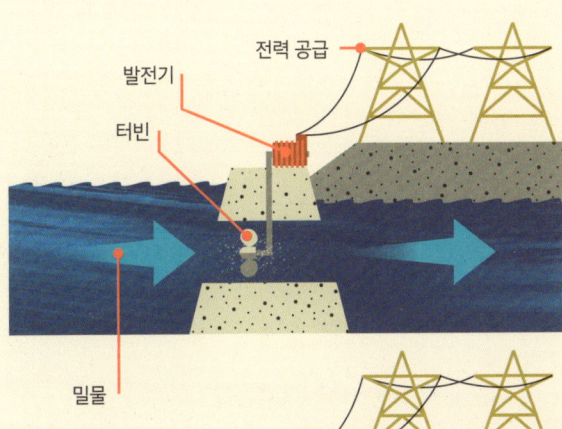

전력 공급 / 발전기 / 터빈 / 밀물 / 썰물

1. 밀물이 들어오면 물이 움직이면서 터빈을 돌린다.
2. 터빈이 발전기를 돌리면 전기가 생산된다.
3. 썰물이 나가면 터빈이 반대 방향으로 돌아간다.
4. 이 썰물의 힘으로도 전기를 생산한다.

재생 가능 에너지 사용

전 세계 전기의 27퍼센트가 바람·물·태양 같은 재생 가능한 에너지에서 나온다. 미래에는 100퍼센트가 재생 가능 에너지에서 나올 수도 있다. 미국에서 2018년에 재생 가능한 에너지원에서 나온 에너지 가운데에는 바이오매스가 가장 많은 비중을 차지했다. 바이오매스에는 나무 부스러기나 축산 폐기물, 사탕수수로 만든 생물 연료도 포함된다. 한국에서는 2020년에 사용된 에너지의 7.4퍼센트가 재생 가능 에너지에서 나왔다.

전문가의 한마디!

제세 쿠리아코세
전기 공학자

제세 쿠리아코세 박사는 화석 연료를 대체할 수 있는, 확실한 탄소 제로 에너지를 개발하는 데 전념하고 있다.
태양 전지판이나 전기 자동차 같은 재생 가능 기술들이 더 저렴해지고, 전보다 더 빠른 속도로 개발되고 있는 것을 보면서 미래는 희망적이라고 생각한다.

" 위험한 기후 변화를 멈추는 데 힘을 보태고 싶어요. "

바이오매스

식물도 재생 가능 에너지의 재료가 될 수 있다. 유채 씨에서 짜낸 기름은 먹기도 하지만 재생 가능 연료로도 쓸 수 있다. 하지만 연료를 만들기 위해서 넓은 땅을 쓰면 생물의 다양성도 없어지고, 식량을 얻기 위한 작물을 재배하는 땅이 부족해질 것이다. 많은 사람이 충분한 식량을 구하지 못하고 있는데, 땅과 같은 한정된 자원을 연료를 얻기 위해 쓴다는 것이 과연 옳은 일일까?

45

미래의 도시

미래에는 새롭고 놀라운 기술들로 인해 도시가 돌아가는 방식과 모습이 완전히 바뀔 것이다. 스마트 도시에는 자율 주행 자동차가 다니고, 자기 부상 열차가 승객들을 실어나를 것이다. 미래의 도시들은 더 친환경적이 될 것이고, 깨끗한 에너지를 사용하면서 온실가스 배출도 줄어들어 환경에 미치는 영향도 감소할 것이다.

도시의 숲

미래는 녹색이다! 도시에는 자동차와 건물의 냉방기에서 나온 열이 더해져서 시골보다 훨씬 더 덥다. 그러나 식물이 도시를 식혀 준다. 컴퓨터로 만든 아래 사진은 미래의 도시가 어떤 모습일지를 보여 준다. 건물들은 정원과 나무로 덮여 더 친환경적이 될 것이다. 나무는 탄소를 흡수하기 때문에 대기 속의 온실가스 양을 줄여준다. 나무가 많아지면 사람들의 기분도 더 좋아진다.

자율 주행 자동차

사람은 거의 100년 동안 자동차를 운전해왔는데, 곧 기계가 운전을 대신하게 될 것이다. 자율 주행 자동차는 컴퓨터와 인공 지능을 이용해서 운전을 하기 때문에 사람이 운전석에 앉거나 페달을 밟는 것과 같은 일을 안 해도 된다. 자율 주행 관련 기술은 실험을 통해 계속 발전하고 있기 때문에, 멀지 않은 미래에 많은 차가 스스로 길을 알아서 찾아갈 수 있게 될 것이다.

자율 주행 자동차는 사람의 실수로 일어나는 사고를 줄여줄 것이다.

자율 주행 자동차는 카메라를 이용해 도로 위의 차들을 살펴본다.

다른 사물이 얼마나 가까이 있는지 센서가 자동차에게 알려준다.

중국의 상하이에서 푸둥 국제공항까지 가는 노선은 현재 운영되고 있는 가장 오래된 자기 부상 열차 노선이다. 이 열차로 30킬로미터 가는 데 8분이 걸린다.

자기 부상 열차

자기 부상 열차는 자석의 반발을 이용해 레일 위에 떠서 달리는 열차이다. 1984년부터 운행하기 시작했지만, 오늘날에는 중국과 같은 몇몇 나라에서만 사용하고 있다. 바퀴가 달린 일반 열차보다 훨씬 빨리 달릴 수 있고, 에너지도 30퍼센트까지 절약할 수 있다.

도움말 주신 전문가: 에릭 그레거슨 함께 보아요: 화석 연료, 2권 34~35쪽; 기후, 2권 46~47쪽; 도시, 8권 20~21쪽; 환경 문제, 8권 32~33쪽; 기후 변화의 결과, 8권 38~39쪽; 기후 변화를 멈춰라, 8권 40~41쪽; 재생 가능 에너지, 8권 44~45쪽

건물 밖에 있는 태양 전지판에서 전기를 생산한다.

낮은 건물들이 좀 있어야 빛과 공기가 지상에 많이 닿을 수 있다.

옥상 정원으로 탄소를 흡수하고 야생 동물을 끌어들인다.

미래의 역사

2030년 국제 연합은 전 세계에 인구가 1000만 명 이상인 거대 도시가 43개에 이를 것이라고 예측했다.

2040년 도로 위의 자동차 가운데 절반은 전기차로 바뀔 것이다. 화석 연료를 사용하는 자동차는 판매할 수 없도록 하는 지역도 생길 것이다.

2050년 세계 인구가 거의 100억에 가까워질 것이라고 예상된다. 이 가운데 3분의 2 이상이 도시 지역에 살고 있을 것이다.

2050년 만일 각 도시에서 계속 높은 건물을 짓는다면 가장 높은 건물은 1600미터에 이를 수도 있다.

2050년 기후 변화로 바닷물의 높이가 계속 올라간다면 태국의 방콕이나 인도의 뭄바이 같은 도시들의 전부 또는 일부가 물속에 잠길 수도 있다.

2070년 전 세계에서 도시가 차지하는 지리적 영역이 두 배로 늘어나 있을 것으로 예상된다.

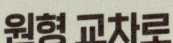

원형 교차로

네덜란드는 차도에서 7미터 위에 떠 있는 원형 교차로인 호벤링이 처음 만들어진 곳이다. 호벤링은 자전거와 사람을 위한 교차로이다. 자전거를 타거나 걸어 다니는 사람들은 자동차가 지나다니는 교차로를 피할 수 있기 때문에 더 안전하다.

미래의 인간

건강을 유지하기 위해 몸속에 기계를 넣고 이에 의지해야 하는 사람들도 있다. 환자의 심장 박동을 일정하게 맞추기 위해 심장 박동 조율기를 이식하는 것과 같은 경우이다. 언젠가는 기계의 도움으로 우리가 더 똑똑하고 더 강해질 날도 올 것이다. 이미 과학자들은 인간의 뇌를 기계와 연결하여 컴퓨터, 보철 장치, 그리고 몇몇 기계들을 생각만으로도 통제할 수 있도록 만들었다.

유전자 편집

여러분이 태어나기 전 부모님이 특정한 유전자를 선택하여 여러분의 머리나 눈 색깔을 골랐다고 상상해 보자. 이렇게 부모가 원하는 특성을 미리 디자인해서 맞춤 아기를 태어나게 하는 것에 대해서는 논란이 많다. 그러나 유전자 편집은 유전병이 이어지지 않도록 하기 위한 목적으로도 쓸 수 있다.

도움말 주신 전문가: 신시아 체스텍 **함께 보아요:** 인간이 되다, 5권 6~7쪽; 사람의 몸, 5권 8~9쪽; DNA와 유전학, 5권 10~11쪽; 뇌, 5권 12~13쪽; 읽기와 쓰기, 5권 28~29쪽; 스마트 기술과 인공 지능, 8권 30~31쪽; 의료 기술, 8권 28~29쪽; 미래의 도시, 8권 46~47쪽

인공 달팽이관

인공 달팽이관은 귀의 기능이 좋지 않은 사람이 들을 수 있게 해주는 전기 장치이다. 소리를 뇌로 전달하는 신경에 곧바로 신호를 전해 주는 것이다. 인공 귀에는 외부 장치가 두 개 있다. 하나는 보청기처럼 생겼는데 마이크가 들어있다. 마이크는 수신기와 연결되는데, 수신기는 머릿속에 고정되며, 귀의 한 부분인 달팽이관 안에 이식되어 있다.

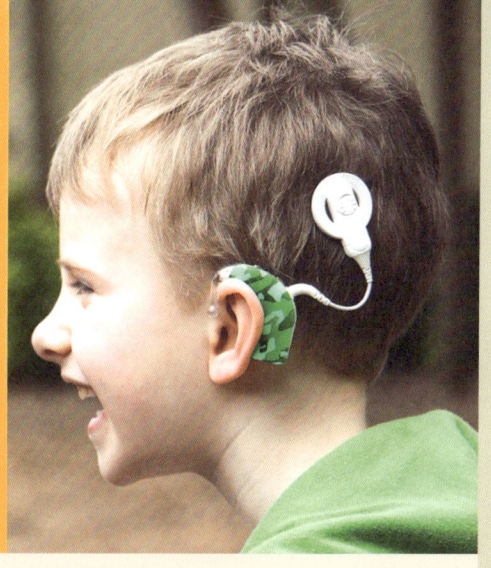

더 오래 산다는 것

사람의 수명은 더 길어졌지만, 몸 때문에 실망하게 되는 경우가 많다. 앞으로는 나노봇이라고 하는 아주 작은 기계가 기능을 잃은 장기를 고치거나, 몸속의 필요한 부분에 약을 전달해 주게 될 것이다. 아주 오랜 후에는 우리 뇌 속에 있는 정보를 컴퓨터에 저장할 수 있게 될지도 모른다. 몸은 늙겠지만, 사람의 생각은 미래 세대를 위해 계속 쌓일 수 있을 것이다.

생각으로 조종하는 인공 몸

만일 신경 계통에 손상을 입어 손을 쓸 수 없게 된다면 생체 공학 기술로 만든 손을 맞추어 사용하면 된다. 생체 공학 기술로 만들어진 손은 뼈와 피부가 아니라 전자 회로로 구성되어 있으며, 착용한 사람의 뇌로 조종한다.

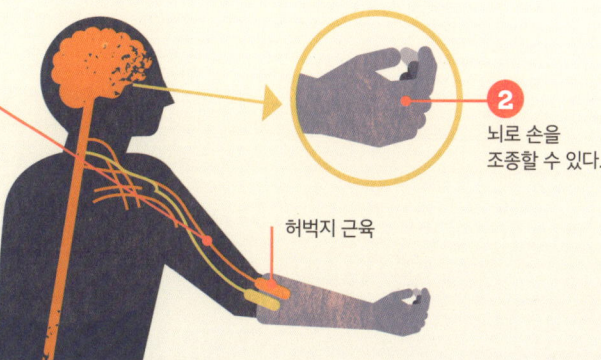

1 허벅지의 근육으로 팔의 근육을 재구성하여 신경을 생체 공학 손에 붙인다.

2 뇌로 손을 조종할 수 있다.

허벅지 근육

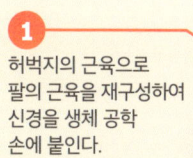

밝혀지지 않은 이야기

뇌만 이용해서 말할 수도 있게 될까?

영국의 유명한 물리학자 스티븐 호킹은 질병으로 몸을 움직일 수도, 말을 할 수도 없었다. 그래서 하고 싶은 말이 있을 때는 컴퓨터가 눈동자의 움직임을 감지해 글자를 찍는 기술을 이용해야 했다. 과학자들은 스티븐 호킹과 같은 사람들에게 도움이 될 수 있는 기술을 연구하고 있다. 과학자들은 그 첫걸음으로 뇌에서 바로 말을 해독해 내는 것부터 시작하고 있다. 이와 관련된 실험에서, 지원자의 뇌 표면에 전극을 심은 다음 지원자가 한 문장을 큰 소리로 읽었다. 그러자 컴퓨터가 그 말을 해독하여 알아듣고 똑같이 말했다.

전문가에게 물어봐!

후잉지에
지리 정보 과학자

무엇을 가장 발견하고 싶으세요?
특정 지역에 관한 기술, 컴퓨터·지도·위치와 관련된 기술을 어떻게 이용해야 재난에 잘 대응하고, 어려움을 당한 사람을 잘 도울 수 있을지 알아내고 싶어요. 좋은 답을 찾아낼 수 있다면 자산을 보호하고 생명을 구할 수 있을 거예요. 2008년 내가 학생이었을 때 중국 쓰촨성의 우리 동네에서 큰 지진이 났어요. 그때 나의 지식을 이용해서 그런 큰 재난을 당한 사람들에게 도움을 주고 싶었어요.

선생님 분야에서 놀라운 일은 무엇이 있을까요?
많은 나라에서 지리 정보 과학 분야는 지리학과에 속하잖아요. 그래서 지리학자가 새로운 컴퓨터 기술의 전문가일 수도 있다는 사실에 놀랄 때가 있어요!

선생님 분야에서 어떤 것이 재미있고 좋으세요?
우리는 스마트폰에서 지도를 이용해 목적지까지 가는 가장 짧은 경로를 찾잖아요. 이처럼 지리 정보 기술을 사용하면, 어디에 병원을 세우면 가장 좋을지, 어디서 질병이 폭발적으로 발생할 가능성이 있는지 같은 것을 알아낼 수 있답니다.

샤우너 브레일
도시 지리학자

선생님 분야에서 아직 풀리지 않은 문제는 무엇인가요?
도시 지리학자들이 자주 묻곤 하는 큰 질문이 하나 있어요. '도시는 왜 계속 성장하는 걸까?'이죠. 이 질문에 대한 답을 찾아낼 수 있다면 모든 도시가 좀 더 좋아질 수 있을 거예요. 하지만 이 질문에 대한 답은 정치적인 환경, 그 도시의 역사와 위치, 지리적 특징 같은 많은 것들에 따라 바뀌어요.

선생님 분야에 관심을 느끼게 된 결정적인 계기는 무엇인가요?
난 도시에 대한 열정이 있어요. 재미있는 사람들과 건물들, 공간으로 가득 차 있잖아요. 거의 모든 도시마다 공통적으로 있는 것들이 있고, 또 그 도시만의 특징을 이루는 것도 있다는 것이 너무 재미있어요. 내가 도시 지리학을 정말 좋아한다는 걸 깨달은 건 열네 살 때였어요. 그때 몇 주 동안 했던 과제가 '우리 동네 분석'이었거든요. 그때 점수를 받은 과제물을 아직도 가지고 있답니다.

조엘 사토레
자연 보호 구역 사진작가

무엇을 가장 발견하고 싶으세요?
어떻게 하면 세계의 생태계와 그 속에서 사는 모든 종을 가장 잘 구해낼 수 있을지 알고 싶어요. 어떻게 해야 종을 모두 구할 수 있는지 알아내는 건 엄청나게 중요한 일이에요. 그걸 알아야 결국 인류를 구할 수 있는 더 좋은 기회도 얻게 될 테니까요.

이 책의 독자들에게 선생님의 일에 관해 말씀해 주고 싶은 이야기가 있다면요?
무엇을 하든 여러분이 정말 좋아하는 일을 하는 것이 가장 중요하다고 말하고 싶어요. 좋아하는 일이라면 아주 잘 해낼 수 있을 거예요. 자신이 택한 분야에서 전문가가 되도록 하세요. 그러면 그 분야에서 확고한 위치를 차지하게 되고, 다른 사람들이 여러분에게 조언과 도움을 구하러 올 거예요. 바로 그게 어느 분야에서나 오래 일할 수 있는 비결이죠.

퀴즈

1) 1800년에 10억 명이던 인구가 오늘날 거의 80억 명으로 늘었어요. 질병도 그만큼 빨리 전파되지요. 2019년에 발생해서 전 세계로 전파되어 커다란 피해를 끼친 질병은 무엇일까요?
   - ㄱ. 소아마비
   - ㄴ. 코로나19
   - ㄷ. 천연두
   - ㄹ. 페스트

2) 2007년 아이폰을 개발한 애플사를 세운 사람은 누구일까요?
   - ㄱ. 빌 게이츠
   - ㄴ. 스티브 잡스
   - ㄷ. 빌 클린턴
   - ㄹ. 스티븐 호킹

3) 1992년 미국으로 가던 컨테이너선에서 태평양에 빠진 컨테이너에는 무엇이 실려 있었나요?
   - ㄱ. 자동차와 자전거
   - ㄴ. 노란 오리 장난감
   - ㄷ. 두꺼운 백과사전
   - ㄹ. 살아 있는 코끼리

4) 노르웨이의 국제 종자 저장고에서는 무엇을 보관하나요?
   - ㄱ. 옥수수, 토마토와 같은 다양한 작물의 씨앗
   - ㄴ. 세계 여러 나라의 교회에서 보내온 종
   - ㄷ. 지구 온난화로 멸종되는 희귀 동물
   - ㄹ. 식용으로 사용할 수 있는 다양한 곤충

5) 소가 방귀와 트림으로 배출하는 것으로, 지구 온난화의 원인이 되는 가스는 무엇일까요?
   - ㄱ. 부탄가스
   - ㄴ. 프로판가스
   - ㄷ. 독가스
   - ㄹ. 메탄가스

6) 세계에서 가장 혼잡한 도시는 어디인가요?
   - ㄱ. 일본의 도쿄
   - ㄴ. 중국의 베이징
   - ㄷ. 방글라데시의 다카
   - ㄹ. 브라질의 리우데자네이루

7) 처음에 인터넷은 무엇을 하려고 개발되었을까요?
   - ㄱ. 여러 사람이 게임을 함께 즐기기 위해서
   - ㄴ. 컴퓨터의 정보를 서로 연결하기 위해서
   - ㄷ. 은행과 은행 사이에 돈을 보내기 위해서
   - ㄹ. 컴퓨터 회사에서 컴퓨터를 더 많이 팔기 위해서

8) 수파이 마을이 처음으로 인터넷에 연결된 것은 2019년이었는데, 그 이유는 이 마을이 어디에 있기 때문인가요?
   - ㄱ. 아주 멀리 떨어진 섬
   - ㄴ. 북극점
   - ㄷ. 아마존 열대 우림
   - ㄹ. 그랜드 캐니언의 맨 아래

9) 네덜란드의 의사 빌럼 콜프는 인공 신장을 발명할 때 무엇에서 영감을 얻었나요?
   - ㄱ. 경주용 자동차
   - ㄴ. 텔레비전 게임 프로그램
   - ㄷ. 세탁기
   - ㄹ. 수세식 변기

10) 스웨덴의 그레타 툰베리는 무엇을 하는 사람인가요?
    - ㄱ. 환경 운동가
    - ㄴ. 영화배우
    - ㄷ. 모델
    - ㄹ. 스포츠 선수

11) 1440년경 독일의 요하네스 구텐베르크가 발명하여 세상을 바꾼 기계는 무엇인가요?
    - ㄱ. 전신기
    - ㄴ. 기중기
    - ㄷ. 인쇄기
    - ㄹ. 사진기

12) 재생 가능 에너지는 지구 온난화를 늦추기 위해 꼭 필요해요. 재생 가능 에너지에 속하지 않는 것은 무엇일까요?
    - ㄱ. 지진 해일
    - ㄴ. 햇빛
    - ㄷ. 바람
    - ㄹ. 밀물과 썰물

13) 킬링 곡선은 무엇의 증가를 보여주는 그래프인가요?
    - ㄱ. 바닷물의 높이
    - ㄴ. 이산화 탄소 농도
    - ㄷ. 메탄가스 농도
    - ㄹ. 지진 활동

14) 미래에는 기능을 잃어버린 장기를 아주 작은 기계를 이용해서 고칠 수 있을 거예요. 이 기계는 무엇일까요?
    - ㄱ. 닥터봇
    - ㄴ. 나노봇
    - ㄷ. 수리봇
    - ㄹ. 노봇

정답: 1) ㄴ, 2) ㄴ, 3) ㄴ, 4) ㄱ, 5) ㄹ, 6) ㄷ, 7) ㄴ, 8) ㄹ, 9) ㄷ, 10) ㄱ, 11) ㄷ, 12) ㄱ, 13) ㄴ, 14) ㄴ

낱말 풀이

기아
어떤 지역에 심각한 식량 부족으로 굶주림이 이어지는 상황.

기후 변화
평균 기온이 오르는 것과 같이 지구의 기후가 전반적으로 크게 변화하고 있는 상황.

누리 소통망
인터넷을 사용하여 여러 사람이 서로 소통할 수 있도록 도와주는 프로그램이나 앱.

다국적
여러 다른 나라들이 운영하거나 관련된.

대중교통
기차, 지하철, 버스와 같이 많은 사람을 실어나를 수 있는 교통수단.

로봇
사람의 도움 없이 임무를 수행하는 기계.

바이러스
(1) 사람·동물·식물에 질병을 일으킬 수 있는 아주 작은 생명체. 세균보다 더 작고, 살아있는 세포의 안으로 들어가 번식할 수 있다. 감기·홍역·독감·코로나19와 같은 여러 질병을 일으킨다.
(2) 컴퓨터 소프트웨어의 하나로, 보통 한 컴퓨터에서 다른 컴퓨터로 퍼지면서 피해를 입히는 좋지 않은 프로그램.

보철 장치
인공 손과 같이 사람 몸의 일부를 대체하기 위해 인공적으로 만든 장치.

사로잡히다
사람이 감옥에 갇히거나 동물이 동물원에 갇혀 있는 것처럼, 원하는 곳으로 자유롭게 갈 수 없도록 잡혀 있는 상황.

사물 인터넷
냉장고나 전등과 같은 사물에 인터넷을 연결하여 정보를 수집하거나 조종할 수 있도록 하는 기술.

사회 기반 시설
현대 사회가 돌아가려면 필요한 모든 구조물과 제도. 도로와 철도, 학교, 병원, 공장과 같은 시설과 제도를 말한다.

생태계
한 특정한 서식지의 생물들이 자기들끼리, 또 환경과 상호 작용을 하는 체계.

서식지
특정한 종류의 동물이나 식물과 같은 생명체가 살기에 적합한 지역.

성별
어떤 사람이나 동물의 성적 구분. 생물학적으로 구분되기도 하고, 사회적으로 구분하기도 하며, 심리적 상태나 주체적 판단에 따라 구분하기도 한다. 동물과 식물의 경우 환경에 따라 성별이 바뀌는 경우도 있다.

쓰레기 매립장
쓰레기와 다른 폐기물을 모아 파묻는 장소.

영구 동토층
계속 얼어 있는 땅. 북극과 남극 지역에 흔히 있다.

원료
무엇을 제조하기 위해 재료로 사용하는 자연 물질. 예를 들어 모래는 유리의 원료이다.

위생 설비
사람이 살기에 깨끗하고 건강한 환경을 확실히 만들기 위해 갖춘 시설. 특히 깨끗한 식수를 제공하고 배설물을 안전하게 처리하는 설비.

인공
인간이 만든 것.

입소문
입에서 입으로 전해지는 이야기나 정보.

자율 주행
운전자가 없어도 자동차가 스스로 도로 위를 알아서 움직이도록 하는 일.

재생 가능한
바닥나지 않고 계속해서 다시 쓸 수 있는. 보통 태양이나 바람 같은 에너지원의 특징을 나타내는 경우가 많다.

적
다른 사람의 행위나 의견에 동의하지 않거나, 어떤 생각이나 정책에 반대하는 사람. 게임이나 스포츠에서 경쟁하는 사람을 뜻하기도 한다.

지구 온난화
지구의 대기와 바다의 평균 기온이 상승하는 것. 지구 온난화가 현재 일어나고 있으며, 이것은 대부분 인간의 활동으로 인해 발생한 온실가스 때문이라는 것이 거의 확실하다.

지진 해일
강력하고 움직임이 빠른 해일의 하나. 해저의 지진이나 산사태 때문에 일어난다. 얕은 물가에 도달하면 훨씬 높아져 해안 지역을 휩쓸어 버린다. '쓰나미'라고도 한다.

추정
대략 측정하거나 미래에 대해 예측하는 것으로, 사실과 다를 수도 있다.

태양 전지판
태양열을 흡수해 열원을 제공하거나 전기를 발생시키는 판.

테러
사회를 바꾸기 위해 폭력 범죄를 저지르는 등 두려움을 이용하는 것.

투자가
보통 나중에 이윤을 얻기를 바라며 어떤 사업에 자신의 돈을 투자하는 사람이나 조직.

해수면
바닷물의 평균적인 높이.

혁신
어떤 일을 새롭거나 다른 방식으로 하는 것.

찾아보기

ㄱ
가난 10, 11, 19
가뭄 32, 38, 39
갈륨 27
갈륨-인듐 합금 27
감정 31
강남 스타일 25
강에 흘러든 석유 26
강우량 33, 39
개구리 36
거대 도시 47
거저리 12
건강 상태 추적기 28
건물 옥상에 있는 정원 21
검색 엔진 24
게릴라전 17
게이츠, 빌 18, 19
고기 먹기 12, 41
고기와 우유 제품 12
고래 36
고릴라 36
고층 건물 21, 47
공룡 34
광물 캐내기 33
광통신망 22
구글 18, 23, 31
구텐베르크, 요하네스 25
국제 무역 8
국제 연합 41, 47
국제 종자 저장고 12
굶주림 17
귀뚜라미 12
그래핀 27
금속 유리 27
기능이 좋지 않은 귀 49
기후 변화 11, 32, 33, 34, 38~41, 47
꽃가루받이 매개자 35

ㄴ
나노 기술 28
나노봇 49
나노 의학 28
나무 스펀지 26
나일론 26
난민 17
남극 14
내전 17

ㄷ
네덜란드 47
넷플릭스 23
노르웨이 11, 12
농업 12, 13, 33
뇌 29, 48, 49
누리 소통망 7
니티놀 27

ㄷ
다국적 기업 7
다른 나라를 감시하는 데 사용되는 위성 17
달 착륙 25
대기 오염 20
대서양의 순환 38
대중 교통 20
대체 고기 13
대한민국 21
데이크론 26
덴마크 11, 21, 44
도시 20~21, 46~47
도시 농업 13
도시의 확장 20
도쿄 21
돌고래 36
두바이 21
드론 13, 16

ㄹ
런던 20
레이저 17
레이캬비크 21
로봇 진공청소기 30
로봇이 시행하는 수술 28, 29
로힝야족 17

ㅁ
마실 수 없는 위험한 물 33
마이크로소프트 18
말라리아 19
맞춤 아기 48
매립장 33
매체 24~25
맥도날드 7
머스크, 일론 29
메탄 12, 33
멸종 34~35
멸종될 위험성이 높은 생물 34, 35, 36~37
멸종 위기종 복원 사업 34
멸종 저항 40
무인 항공기 16
물의 불평등 11
미국 11, 12, 18, 23, 25, 45
미국 항공 우주국 43
미디어 24~25
미얀마 17
밀물과 썰물 45

ㅂ
바이오매스 44, 45
바키타 36
발머, 스티브 18
발전소 44, 45
발포 금속 27
방글라데시 17, 21
방사성 42, 43
방송 매체 25
방음 27
방탄조끼 27
배에 싣는 컨테이너 8~9
백신 6
밴쿠버 21
버너스리, 팀 23
버핏, 워런 18
벌 35
베조스, 제프 18
보철 장치 48, 49
부가티 라 부아튀르 누아르 19
부르즈 할리파 21
부유한 나라의 불평등 10, 18
부자 18~19
불평등 10~11, 18, 23
브라질 10, 21
브랜드 7
브린, 세르게이 18
비대칭 전쟁 17
빈민지역 10
빙상 38
빙하 38
빙하기 34

ㅅ
사막화 33
사물 인터넷 31
사올라 36
사이버 전쟁 16
사이트 23
사진 25
사하라 14, 36
산불 32, 38, 39
산소 33, 34
산호 38
삼림 파괴 33, 36
삼엽충 34
삼차원 인쇄 28, 29
새로운 기술 28, 30~31
생물 연료 45
생물의 다양성 45
생체 공학 기술로 만든 손 49
서울 21
석유 32, 33, 38
석탄 32, 38
성별 임금 격차 11
세계 인구 증가 6, 7, 32, 33, 47
소말리아 21
소셜 미디어 7, 23, 25
쇄빙선 43
수술 26, 27, 28, 29
수직 농업 13
슈퍼카와 하이퍼카 19
슈퍼트리 21
스냅챗 25
스마트 시계 28
스마트폰 7, 25
스마트 홈 30, 31
스페이스엑스 23
시리아 17
시베리아 14
식량 공급 17
식용 곤충 12
신문 25
심장 박동 조율기 48
심장 이식 27
싱가포르 21
싸이 25
쓰나미(지진 해일) 43
쓰레기 33
씨앗을 지켜라 12~13

ㅇ
아기 상어 춤 25
아닥스 36
아르노, 베르나르 18

아마존 18, 23, 30, 31
아마존 열대 우림 14
아이비스 36
아이슬란드 21
아이폰 7
아파넷 23
악어 36
알렉사 30, 31
알루미늄 27
알약 크기의 캡슐 내시경 28
애플 7
앱 7, 25
얼굴 인식 기능 31
엄청난 부자 18, 19
엘리슨, 래리 18
엘 칼리우비, 라나 31
영국 11, 20, 25
영상 통화 7
예멘 17
오라클 18
오랑우탄 36~37
오르테가, 아만시오 18
오스트레일리아 32, 39
오염 20, 33
옥상 정원 47
온실 13
온실가스 12, 32, 33, 38, 40, 46
와이파이 30
우라늄 42
우주 반사경 41
우주 여행 43
우주 전쟁 17
원자력 42~43
원자력 재해 43
월드 와이드 웹 22, 23, 24
월튼, 짐 18
위생 11
위성 16, 17, 23
윌리엄스, 세리나 11
유리 섬유 26, 27
유성 34
유전자 편집 48
유채 기름 45
유튜브 23, 24, 25
음식 낭비 12
의료 복지 11, 19
의학 28~29

이갈른 27
이산화 탄소 32, 33, 38, 41
인공 달팽이관 49
인공 물질 26~27
인공 수정 35
인공 신장 29
인공 지능 30, 31, 46
인구 밀도 21
인도 11, 20, 21, 47
인듐 27
인쇄 매체 25
인쇄기 25
인스타그램 23, 25
인터넷 6, 7, 22~23, 30, 31
일본 21, 43

ㅈ
자기 부상 열차 46
자동차 27, 31, 45, 46, 47
자선 18, 19
자율 주행 자동차 31, 46
자전거 21
잘못된 정보 24
잡스, 스티브 7
잡지 25
재산을 과시하기 19
재생 에너지 21, 40, 44~45
재활용 21, 33, 41
저커버그, 마크 18, 25
전기 14~15, 21, 27, 41, 42, 44, 45
전기로 움직이는 자동차 20, 40, 45, 47
전염병 6
전쟁 16~17
정보 격차 23
제너, 카일리 18
조력 발전소 45
주요 작물 13
줄어든 식량 17, 39
중국 6, 18, 21, 46
지구 공학 41
지구 온난화 38, 40, 41
지열을 활용한 에너지 21
지진 43
지진 해일 43
질병 6, 11, 19
집단 이주 39

ㅊ
창원충 18
천연가스 32
철갑상어 36
치과 27
치아 교정 27

ㅋ
카약 27
카카포 36
캐나다 21
컨테이너선 8
컴퓨터 7, 16, 18, 22, 23, 41, 46
케블라 27
코로나19 6
코뿔소 35, 36
코펜하겐 21, 44
콘도르 34
쿠리치바 21
킬로파워 43
킬링 곡선 32

ㅌ
타란툴라 호크 16
탄소 27, 46
탄소 나노튜브 27
탄소 배출량 32, 41
탄소 제로 에너지 45
탄소 중립 도시 21
태국 38, 47
태양 44, 45
태양열 발전 15, 40, 44, 45, 47
태양 전지판 44, 47
터빈 42, 44
테러 17
텔레비전 25, 41
통신 7, 22, 30
툰베리, 그레타 41
트위터 23, 25

ㅍ
패션 18, 41
패스트 패션 41
페더러, 로저 11
페름기 34
페이스북 18, 23, 25
페이지, 래리 18
폭염 39

폭풍 38, 39
표범 36
풍력 44
풍력 발전소 44
프랑스 25
플라스틱 26, 27, 29, 41
플랫폼 25

ㅎ
하나의 세계 6~7
항공 여행 7, 41
항상 얼어 있는 추운 지역의 땅 33, 38
해수면 상승 38, 47
핵분열 42
형상 기억 합금 26
혜성 34
호랑이 36
호벤링 47
호킹, 스티븐 49
홀로세의 멸종 35
홍수 39
화산 34
화석 34
화석 연료 21, 32, 33, 38, 44, 47
화학 쓰레기 33
환경 문제 32~33
환경운동가 40, 41
환경친화적인 도시들 21, 46
황산 33
흑연 27
흙 33

참고한 자료

이 책은 여러 단계를 거쳐서 편찬되었습니다. 글쓴이는 하나하나의 주제마다 믿을 만한 자료를 참고하여 글을 썼습니다. 편집자는 글 속에 인용된 정보에 잘못은 없는지 다른 자료와 대조하며 낱낱이 확인했습니다. 다음에는 분야별 전문가가 내용이 정확한지 감수했습니다. 한국의 옮긴이와 편집자는 원래 영어로 펴낸 이 책의 관점과 표현이 한국의 어린이들에게 적절한지 살펴보면서 내용과 문장을 다듬었습니다. 그 과정에서 참고한 자료는 이 책에 담지 못할 만큼 많습니다. 그중에서 주요 자료를 추려서 아래에 밝힙니다.

p.6-7 Cumming, Vivien. How many people can our planet really support? www.bbc.co.uk; Khandelwal, Rekha. McDonald's Global Presence and the Three-Legged Stool, marketrealist.com; Roser, Max, Hannah Ritchie, and Esteban Ortiz-Ospina. World Population Growth, ourworldindata.org. **p.8-9** Harford, Tim. The simple steel box that transformed global trade, www.bbc.co.uk; Statista Research Department. Container Shipping—Statistics & Facts, www.statista.com. **p.10-11** Hodgson, Geoffrey M. What the world can learn about equality from the Nordic model, theconversation.com; The World Bank. Nearly Half the World Lives on Less than $5.50 a Day, www.worldbank.org. **p.12-13** Reuters/ABC. Arctic 'doomsday' seed vault welcomes millionth variety amid growing climate change concerns, www.abc.net.au; World Health Organisation. Global hunger continues to rise, new UN report says, www.who.int. **p.14-15** www.littlesun.com; Quak, Evert-jan. The costs and benefits of lighting and electricity services for off-grid populations in sub-Sahara Africa, assets.publishing.service.gov.uk **p.16-17** Figures at a Glance, www.unhcr.org; Firth, Niall. How to Fight a War in Space (and Get Away with It), www.technologyreview.com; Hunger Used as a Weapon of War in Yemen, Experts Say, www.actionagainsthunger.org. **p.18-19** The richest in 2020, www.forbes.com; Warren, Katie. 13 countries that have only one billionaire, www.businessinsider.com. **p.20-21** 11 Most Eco-Friendly Cities of the World, interestingengineering.com; Broom, Douglas. 6 of the world's 10 most polluted cities are in India, www.weforum.org; Kolb, Elzy. 75,000 people per square mile? These are the most densely populated cities in the world, eu.usatoday.com. **p.22-23** The birth of the web, home.cern; Zimmermann, Kim Ann and Jesse Emspak. Internet History Timeline: ARPANET to the World Wide Web, www.livescience.com. **p.24-25** Hutchinson, Andrew. People Are Now Spending More Time on Smartphones Than They Are Watching TV, www.socialmediatoday.com; Nimmo, Dale. Tales of Wombat 'Heroes' Have Gone Viral. Unfortunately, They're Not True, www.theconversation.com. **p.26-27** Arrighi, Valeria. Five Synthetic Materials with the Power to Change the World, www.scitechconnect.elsevier.com; McFadden, Christopher. Inspired by Nature but as Tough as Iron: Metal Foams, www.interestingengineering.com. **p.28-29** Berger, Michele W. A Wearable New Technology Moves Brain Monitoring from the Lab to the Real World, www.medicalxpress.com; Nawrat, Allie. 3D Printing in the Medical Field: Four Major Applications Revolutionising the Industry, www.medicaldevice-network.com; Robotic Surgery, www.mayoclinic.org. **p.30-31** Goddard, Jonathan. Alumna Rana El Kaliouby named in BBC's 100 influential women of 2019, www.cst.cam.ac.uk; Smart Motorways - What Are They and How Do You Use Them?, www.rac.co.uk. **p.32-33** How Big Is the Great Pacific Garbage Patch? Science vs. Myth, www.response.restoration.noaa.gov; Methane: The Other Important Greenhouse Gas, www.edf.org; Nunez, Christina. Desertification, explained, www.nationalgeographic.com. **p.34-35** Aldhous, Peter. We Are Killing Species at 1000 Times the Natural Rate, www.newscientist.com; Kolbert, Elizabeth. The Sixth Extinction. (London: Bloomsbury, 2014). **p.36-37** Platt, John R. Bornean Orangutan Now Critically Endangered, www.blogs.scientificamerican.com; The IUCN Red List of Threatened Species, www.iucnredlist.org; Sartore, Joel. The Photo Ark. (Washington, DC, US: National Geographic, 2019). **p.38-39** Could the Domino Effect of Climate Change Impacts Knock Us into 'Hothouse Earth'?, www.eia-international.org; Lenton, Timothy M., et al. Climate Tipping Points—Too Risky to Bet Against, www.nature.com; Nunez, Christina. What is global warming, explained, www.nationalgeographic.com. **p.40-41** Dunne, Daisy. Explainer: Six ideas to limit global warming with solar geoengineering, www.carbonbrief.org; Is it too late to prevent climate change?, www.climate.nasa.gov; Milman, Oliver. Greta Thunberg Condemns World Leaders in Emotional Speech at UN, www.theguardian.com. **p.42-43** Humpert, Malte. Russia's Brand New Nuclear Icebreaker 'Arktika' to Begin Sea Trials, www.highnorthnews.com; What Is Nuclear Power and Energy, www.nuclear.gepower.com. **p.44-45** Hartley, Gary. What Role Does Biomass Have to Play in Our Energy Supply?, www.energysavingtrust.org.uk; Shinn, Lora. Renewable Energy: The Clean Facts, www.nrdc.org. **p.46-47** Demtriou, Steven J. We Can Build Cities Fit for the Future—but We Need to Think Differently, www.weforum.org; Garfield, Leanna. These Will Be the World's Biggest Cities in 2030, www.businessinsider.com; Giermann, Holly. Vincent Callebaut's 2050 Vision of Paris as a 'Smart City', www.archdaily.com. **p.48-49** Anumanchipalli, Gopala K., Josh Chartier & Edward Chang. "Speech synthesis from neural decoding of spoken sentences." Nature 568, 493-498 (2019); Walsh, Fergus. Woman receives bionic hand with sense of touch, www.bbc.com.

사진과 이미지 출처

이 책에 사진과 이미지를 싣도록 허락해 주신 분들께 감사의 말씀을 드립니다. 사용한 사진과 이미지의 출처를 명확하게 밝히기 위해서 최선을 다했습니다만, 혹시라도 잘못 표기했거나 빠뜨린 부분이 있다면 너른 이해를 부탁드립니다. 다음 판에서 바로잡도록 하겠습니다.

위치 표시 : 위(t), 아래(b), 왼쪽(l), 오른쪽(r), 가운데(c)

p.4 istock/PhonlamaiPhoto; p.6tr Science Photo Library/Roger Harris; p.6b STR/ Getty; p.7tl robertharding/Superstock; p.7tr Dreamstime/ Bundit Minramun; p.7cl Dreamstime/Featureflash; p.7cr istock/ justhavealook; p.8-9 mauritius images GmbH/Alamy; p.9tr 123rf.com/ Valentin Valkov; p.10 istock/C_Fernandes; p.11tl Shutterstock/James Gourley/BPI; p.11cr Visions of America, LCC/Alamy; p.11bl Maria Heyens/ Alamy; p.11br 123rf.com/yupiramos; p.12-13b istock/Martijnvandernat; p.12tr istock/GlobalP; p.12cl Nature Picture Library/ Pal Hermansen; p.13tr istock/NatashaPhoto; p.13cr 123rf.com/Dai Trinh Huu; p.14-15 NASA; p.15bc Little girl playing with a Little Sun in Ethiopia - photo: Merklit Mersha; p.16 UK Ministry of Defence; p.17tr Science Photo Library/Alamy; p.17cl MUNIR UZ ZAMAN/AFP/Getty; p.17cr istock/daz2d; p.17br KHALED FAZAA/AFP/Getty; p.18 Dimitrios Kambouris/Getty; p.19t istock/ nechaev-kon; p.19cl Imaginechina Limited/ Alamy; p.19cr istock/ ArnaPhoto; p.19br NurPhoto/Getty; p.20-21c istock/Thomas De Wever; p.20cl istock/Nigel_Wallace; p.20br istock/pidjoe; p.21br istock/smile3377 (city skyline); p.22 istock/imaginima; p.23tr US Marines Photo/Alamy; p.23cl Science Photo Library/Sam Ogden; p.23cr 123rf.com/ artrosestudio; p.23cr Dreamstime/Nanmulti; p.23cr Dreamstime/Andrii Kuchyk; p.23cr Dreamstime/Raffaele1; p.23cr Dreamstime/ Fidan Babayeva; p.23cr istock/13ree_design; p.23cr Dreamstime/Sandaru Nirmana; p.23cr Dreamstime/Mary San; p.23cr Dreamstime/ Provectorstock; p.24 istock/ scanrail (phone); p.24 istock/Katharina13 (Australian animals); p.24 123rf. com/bennymarty (wombat); p.25tr ClassicStock.com/Superstock; p.25cl Dreamstime/K2images; p.25cr 123rf.com/artrosestudio; p.25cr Dreamstime/ Raffaele1; p.25cr Dreamstime/Fidan Babayeva; p.25br Dreamstime/Danang Setiawan; p.26t Science Photo Library/ Pascal Goetgheluck; p.26bc age fotostock/ Superstock; p.27tr istock/NPavelN; p.27cr istock/aceshot; p.27b istock/technotr; p.28t istock/Sudowoodo; p.28cr Dreamstime/ Viktoriia Kasyanyuk; p.28b istock/Gannet77; p.29tr CMR Surgical; p.29cl 123rf.com/ arcady31; p.29cr Image courtesy of Mike Jay; p.29bl istock/piranka; p.31tr 123rf.com/ Wantarnagon; p.31l Image courtesy of Rana el Kaliouby; p.31br EThamPhoto/Alamy; p.32 istock/ petar belobrajdic; p.33tl Amazon- Images/Alamy; p.33c Martin Shields/ Alamy; p.33bl imageBROKER/Superstock; p.33br istock/Nataniil; p.34tc istock/ScottOrr; p.34br istock/Pavliha; p.35bl istock/Misha Shutkevych; p.35br istock/Suzyanne16; p.36-37 Nature Picture Library/Anup Shah; p.38 Dreamstime/Zaur Tahimov; p.38-39 Dreamstime/Johnpaulramirez; p.38-39 istock/ArnaPhoto; p.38-39 Dreamstime/ Liudmyla Klymenko; p.39br istock/GlobalP; p.40t SOPA Images/Getty; p.40br 123rf.com/ Rosanna Cunico; p.40br istock/ Enis Aksoy; p.40br 123rf.com/pytyczech; p.40br istock/-VICTOR-; p.41tr istock/ PamelaJoeMcFarlane; p.41cl Zoonar GmbH/ Alamy; p.41bcl Jasper Chamber/Alamy; p.42b istock/jotily; p.43cr Sue Flood/ Alamy; p.43bl NASA; p.44t istock/imagean; p.45tl NASA; p.45cr Image courtesy of Dr. Jaise Kuriakose; p.45bl Dreamstime/ Ricoistda; p.46-47t istock/3000ad; p.46bl Dreamstime/Yinan Zhang; p.47bl Jochen Tack/Alamy; p.48 Dreamstime/Jie Xu; p.49tc Science Photo Library/Life in View; p.49bl JEP Celebrity Photos/Alamy; p.49r Shutterstock/Quirky China; p.50 Image courtesy of Yingjie Hu; Image courtesy of Shauna Brail; Image courtesy of Joel Sartore.

이 책을 만든 사람들

글

조너선 오캘러헌
영국 런던에서 활동하는 우주와 과학 분야의 기고가이다. <사이언티픽 아메리칸>, <포브스>, <뉴사이언티스트>, <네이처>와 같은 잡지에 글을 쓰고 있다.

그림

마크 러플
20년 동안 일러스트레이터와 디자이너로 일했다. 동물과 사람, 과학과 관련된 모든 것을 그림으로 표현하는 것을 좋아한다.

잭 타이트
영국 레스터의 일러스트레이터이자 동화 작가이다. 그림을 그리지 않을 때에는 가까운 야생 동물 보호 지역에서 새를 관찰하는 것을 좋아한다.

옮김

한국백과사전연구소
엔사이클로피디어 브리태니커의 한국 지사인 한국브리태니커회사에서 다양한 백과사전을 만들었던 백과사전 전문가 집단이다. 오랜 경험에 바탕을 둔 '안목'과 '균형'을 바탕으로, 시대에 맞는 새로운 백과사전을 연구하고 만드는 일을 하고 있다.

감수

샤우너 브레일 캐나다 토론토, 토론토 대학교
신시아 체스텍 미국 앤아버, 미시간 대학교
던컨 데이비스 박사 미국 보스턴, 노스이스턴 대학교
샬럿 그린바움 미국 워싱턴디시, 인구자료국
에릭 그레거슨 미국 시카고, 엔사이클로피디어 브리태니커
니콜라스 헨슈 박사 미국 버팔로, 뉴욕 주립 대학교 버팔로
후잉지에 미국 버팔로, 뉴욕 주립 대학교 버팔로
마이크 제이 영국 런던, 저술가, 의학사 연구자
제세 쿠리아코세 박사 영국 맨체스터, 맨체스터 대학교
마이클 마우엘 미국 뉴욕, 컬럼비아 대학교
리처드 미드 영국 런던, 로이즈리스트
멜리사 페트루젤로 미국 시카고, 엔사이클로피디어 브리태니커
존 래퍼티 미국 시카고, 엔사이클로피디어 브리태니커
조엘 사토레 미국 링컨, 내셔널 지오그래픽 포토 아크
잭 스나이더 미국 뉴욕, 컬럼비아 대학교
헤븐 테일러원 미국 세인트피터스버그, 포인터 연구소
실바나 텐레이로 영국 런던, 런던 경제 정치 과학 대학교

BRITANNICA BOOKS

브리태니커 지식 백과 8
우리가 함께하는 오늘과 내일

엮음 크리스토퍼 로이드
글 조너선 오캘러헌
그림 마크 러플, 잭 타이트
옮김 한국백과사전연구소

초판 1쇄 펴낸날 2022년 6월 8일

편집장 한해숙
기획편집 신경아, 한국백과사전연구소
디자인 최성수, 이이환
마케팅 박영준, 한지훈
홍보 정보영, 박소현
경영지원 김효순

펴낸이 조은희
펴낸곳 ㈜한솔수북
출판등록 제2013-000276호
주소 03996 서울시 마포구 월드컵로 96 영훈빌딩 5층
전화 02-2001-5822(편집), 02-2001-5828(영업)
전송 02-2060-0108
전자우편 isoobook@eduhansol.co.kr
블로그 blog.naver.com/hsoobook
인스타그램 soobook2
페이스북 soobook2

ISBN 979-11-7028-956-2, 979-11-7028-948-7(세트)

어린이 제품 안전 특별법에 의한 제품 표시
l 품명 도서 l 사용연령 만 7세 이상 l 제조국 대한민국 l 제조자명 ㈜한솔수북
l 제조연월 2022년 6월

* 값은 뒤표지에 있습니다.

BRITANNICA ALL NEW CHILDREN'S ENCYCLOPEDIA

'브리태니커 북스'는 엔사이클로피디어 브리태니커와 왓언어스 출판사가 제휴하여 설립한 임프린트입니다. 이 책은 영국에서 처음 출판되었습니다.

개발 투칸 북스
아트 디렉터·표지 디자인 앤디 포쇼
표지 그림·레터링 저스틴 폴터
표지 이미지 istock: /KenCanning; /Bet_Noire; /gk-6mt; /Masksim Tkachenko
머리말 제이 루버링
감수 샤우너 브레일, 신시아 체스텍, 던컨 데이비스, 샬럿 그린바움, 에릭 그레거슨, 니콜라스 헨슈, 후잉지에, 마이크 제이, 제세 쿠리야코세, 마이클 마우엘, 리처드 미드, 멜리사 페트루젤로, 존 래퍼티, 조엘 사토레, 잭 스나이더, 헤브 테일러윈, 실바나 텐레이로

투칸 북스
l 편집장 엘렌 듀폰 l 시니어 디자이너 토마스 킨스 l 시니어 에디터 도로시 스태나드 l 디자이너 테사 바인드러브, 니콜라 어드프레서, 리아 저먼, 일레인 휴슨, 데이브 존스, 리 리치스 l 에디터 존 앤드류스, 줄리 브루크, 캐런 브라운, 앨리시아 도런, 피오나 플로먼, 레이첼 워렌채드 l 어시스턴트 에디터 마이크 클라크 l 에디토리얼 어시스턴트 가브리엘 핸드버그 l 찾아보기 마리 로리머 l 사진 조사 수재너 제이스 l 교정 돌로레스 요크

엔사이클로피디어 브리태니커
l 편집 관리 책임 앨리슨 엘드리지 l 시니어 에디터, 철학·법·사회과학 브라이언 디그난 l 시니어 에디터, 천문학·우주 탐사·수학·물리학·컴퓨터·무기 화학 에릭 그레거슨 l 시니어 에디터, 지리학·사하라 이남 아프리카 에이미 매케너 l 어시스턴트 에디터, 식물·환경 과학 멜리사 페트루젤로 l 에디터, 지구·생명과학 존 래퍼티 l 에디터, 유럽 역사·군사 마이클 레이 l 시니어 에디터, 생의학 카라 로저스 l 교정 책임 에이미 티커넨 l 매니저, 지리·역사 제프 월렌펠트 l 어시스턴트 에디터, 중동 애덤 지단 l 어시스턴트 에디터, 예술·인문학 알리샤 젤라즈코 l 팩트 체크 책임 조앤 라코우스키 l 팩트 체크 피아 비글로우, 레트리샤 딕스, 윌 고스너, 아르 그린

왓언어스 출판사
l 발행인 낸시 페레스틴 l 편집 주간 나탈리 벨로즈 l 아트 디렉터 앤디 포쇼 l 주니어 디자이너 데이지 사임스 l 제작 관리 알렌카 오블락

이 책의 원저작물에 대한 모든 권리는 따로 표시한 것을 제외하고 왓언어스와 엔사이클로피디어 브리태니커에 있으며, 한국어판에 대한 권리는 영국의 더라이트솔루션사와 한국의 ㈜디에디터를 통한 저작권자와의 계약에 의해 ㈜한솔수북에 있습니다. 이 책의 어떤 부분도 서면으로 된 승인 없이는 어떤 형태와 어떤 의미로도 복제하거나 전송할 수 없습니다. 여기에는 전자적이거나 기계적인 모든 방법, 복사와 녹음을 포함한 모든 형태, 정보 저장이나 검색과 같은 모든 정보 처리 방법이 포함됩니다.

Text © 2020 What on Earth Publishing Ltd. and Britannica, Inc.
Illustrations © 2020 What on Earth Publishing Ltd. and Britannica, Inc., except as noted in the credits on p.56.
www.whatonearthbooks.com

All rights reserved. No part of this publication may be reproduced or transmitted in any form or by any means, electronic or mechanical, including photocopying, recording, or any information storage or retrieval system, without permission in writing from the publishers.

Korean edition © 2022 Hansolsoobook Publishing Co.
Korean translation rights arranged with What On Earth Books through The Rights Solution, UK and The Editor, Seoul, Korea.

Printed and bound in Republic of Korea